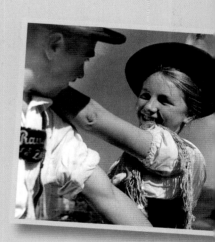

Allen starken Frauen auf dem Land,
ganz besonders meiner Mutter und meinen Töchtern Lea und Naomi

©   Elisabeth Sandmann Verlag GmbH, München

1. Auflage 2010

ISBN 978-3-938045-48-0

Alle Rechte vorbehalten

Text	Annegret Braun
Redaktion	Regina Carstensen, Eva Römer
Gestaltung	Kuni Taguchi
Herstellung	Karin Mayer, Peter Karg-Cordes
Lithografie	Christine Rühmer
Druck und Bindung	Mohn media Mohndruck GmbH, Gütersloh

Besuchen Sie uns im Internet unter www.esverlag.de

ANNEGRET BRAUN

Frauen auf dem Land

Eigenständige Landwirtinnen, stolze Sennerinnen,
freiheitssuchende Sommerfrischler und viele andere

von damals bis heute

ELISABETH
SANDMANN

Inhalt

Einleitung

Lust aufs Land

Wer es sich im 19. Jahrhundert leisten konnte, zur Sommerfrische aufs Land zu reisen, gehörte zu den Privilegierten. Die wohlhabenden Städter verbrachten die Sommermonate auf dem Land und gaben sich dem Müßiggang hin. Sie genossen ein Dasein ohne gesellschaftliche Verpflichtungen und einen bescheidenen Lebensstil in einer bäuerlichen Unterkunft.

Auch heute ist die Sehnsucht nach grünen Wiesen, frischer Landluft und duftendem Heu groß. Wer sich auf die Dörfer begibt, sucht ein naturverbundenes Leben – und findet es oft auch. Wieder sind es die Städter, die es hinauszieht. Nur wollen sie diesmal dem hektischen Alltagsleben entkommen. Sie stürmen die Almen, um Kühe grasen zu sehen, sie mieten sich in Ferienwohnungen auf Höfen ein, um gleich nach dem Aufstehen den Bauern bei der Ernte oder bei der Tierfütterung zu helfen. Eine Fahrt auf dem Traktor ist ein Glück, von dem noch Wochen später gesprochen wird, und eine Nacht im Stroh, möglichst mit Aussicht in den sternenübersäten Himmel, erscheint für viele der Inbegriff von Naturnähe und Romantik.

Voller Enthusiasmus wird auch über den neu erworbenen Schrebergarten erzählt, auf den man so lange warten musste, über den wunderbar blühenden Rittersporn, der alle Schneckenangriffe überlebt hat, oder über den ersten selbst gezogenen Salat. Es sind die Sehnsüchte einer kleinen Idylle, von einer Kindheit, in der man noch auf Bäume klettern und dem Nachbarn seine herbstroten Äpfel von den Zweigen klauben konnte.

Fehlt der eigene Garten, fährt oder radelt man hinaus aufs Feld, um Erdbeeren zu ernten oder Gladiolen zu pflücken. Oder man gestaltet im eigenen Viertel zusammen mit anderen Hausbewohnern die Hinterhöfe zu paradiesischen Oasen mit Spalierobst und Kletterrosen. Bänke aus Holz werden aufgestellt und wetterfest lackiert, abends sitzt man auf ihnen zusammen. Da wird nicht wie früher gemeinsam Obst verarbeitet, sondern man grillt bestes Biofleisch, spielt mit den Kindern und tauscht sich aus, wo man noch einsame Wanderungen unternehmen kann, auf welchem Bauernhof der beste Käse hergestellt oder richtiges Landbrot gebacken wird.

Es ist ein Phänomen geworden – die Lust aufs Land. Wer in der Natur ist, hat das Gefühl, dass es der Seele gleich bessergeht. In einer ländlichen Umgebung zu sein wird gleichgesetzt mit einem einfacheren, aber ursprünglicheren und bewussteren Lebensstil, wie er in der Stadt nicht mehr zu finden ist. Dort scheint es ein größeres Gemeinschaftsgefühl zu geben als in den anonymen Wohnblocks der Metropolen, da kümmert man sich noch mehr um

die alten Eltern. Die Arbeit des Bauern und der Bäuerin hat ihren eigenen Rhythmus. Die Stechuhr ist ausgeschaltet, dafür richtet man sich nach Wind und Wetter, danach, dass die Tiere gefüttert werden müssen. Fern von der Stadt ist der Blick frei für Dinge, die man sonst kaum mehr wahrnimmt, die Wolken am Himmel oder das weiche Gras unter den Füßen. Die Stille im Wald – wenn nicht gerade irgendwo ein Baum mit einer Motorsäge gefällt wird – ist ungewohnt und lässt das Vogelgezwitscher umso deutlicher hören.

Alles, was man auf dem Land tut, scheint Sinn zu machen. Ganz gleich, ob man Gemüse anbaut oder dafür sorgt, dass alte Möbel wieder restauriert werden. Hauptsache, es wird etwas mit den eigenen Händen geschaffen. Und auch die Bäuerin wird nicht mehr mit mitleidigen Blicken bedacht, wenn sie von morgens bis abends auf den Beinen ist. Sie muss nicht acht Stunden oder mehr am Computer sitzen, sondern kann die vielfältigsten Tätigkeiten für sich entdecken und ausüben. Dabei gerät sie nicht in Konflikt, wie sie Job und Kinder unter einen Hut zu bringen vermag. Sie arbeitet zu Hause, auf ihrem Hof – und hat dadurch die Chance, all das, was ihr wichtig ist, zu verbinden.

Landlust – das heißt auch: Man möchte mehr über die bäuerliche Lebensart wissen, die fast wie aus einer vergangenen Welt wieder heraufbeschworen wird. Gerade über die Frauen auf dem Land, die Bäuerinnen, ist wenig bekannt, hat man sich doch ihre Aufgaben nie so richtig bewusst gemacht. Wie hatten sie eigentlich in den letzten Jahrhunderten gelebt? Was waren die mühseligen, was die schönen Seiten ihres Daseins? Und wie erging es den Mägden, den Sennerinnen bei ihrer Arbeit?

Ohne die Leistungen der Frauen hätte die Landwirtschaft zu keiner Zeit funktionieren können. Als das Wort »Multitasking« noch nicht erfunden war, arbeiteten Bäuerinnen auf dem Feld, im Stall und im Haus, nebenbei bekamen sie Kinder – meist sogar sehr viele – und gestalteten das gemeinschaftliche Leben in der Familie und auf dem Dorf. Sie richteten Hochzeiten und Erntefeste aus, feierten und tanzten ordentlich mit, gaben auch gern den Ton an. In ihren Bereichen rund um den Hof hatten sie das Sagen, und auf dem Feld oder beim Schlachten und Wursten arbeiteten Bäuerin und Bauer Hand in Hand. Ihre Tätigkeit ergänzte sich, sie brauchten einander. Verbindend war die gemeinsame Verantwortung für die Landwirtschaft und für die Menschen, die davon lebten.

Waren die Höfe klein und warfen wenig Erträge ab, konnte das Leben tatsächlich äußerst hart und die Not groß sein. Doch reiche Bäuerinnen mit viel

Gesinde freuten sich an ihrem Können, daran, dass sie den landwirtschaftlichen Betrieb am Laufen hielten. Waren die Tiere gesund und brachten viel Milch und Eier, dann war dies ein Verdienst ihrer Leistungen. Darauf waren sie stolz, das machte sie selbstbewusst. Sie waren vergleichbar mit den erfolgreichen Managerinnen von heute. Standen Reihen von Gläsern mit Eingemachtem in den Kammern, blühten die Gärten und gerieten die Kinder gut, so erfüllte sie dies mit tiefer Zufriedenheit.

Im Winter, wenn es draußen nicht so viel zu tun gab, saßen sie mit den Mägden und den Alten in den Stuben, spannen und strickten. Natürlich wollten sie auch wissen, was sonst noch so im Dorf vor sich ging. Gern hörten sie die Neuigkeiten oder Geschichten aus Nachbarorten, die Hebammen und Näherinnen weitertrugen. Sie kamen zu verschiedenen Höfen – und waren dadurch die wichtigsten Informantinnen.

Die Frauen auf dem Land zeichnete eine große Offenheit und Neugier aus. Nicht wenige haben in der Landwirtschaft Pionierarbeit geleistet. Sie betrieben eigene Forschungen, lange bevor Frauen an der Universität überhaupt zugelassen waren. Mit der Gründung von Landfrauenvereinen schufen sie sich ihre eigenen Bildungsmöglichkeiten und stärkten ihre Rechte durch ein starkes Netzwerk. Später forschten sie im eigenen Garten, auf dem Bauernhof

oder im Labor, um die Landwirtschaft für die Menschen, die Tiere, aber auch für die Umwelt gesünder zu gestalten. Die erste Professorin in Deutschland war eine Agrarwissenschaftlerin!

Wissen zu haben – das war für Bäuerinnen wichtig, manchmal sogar überlebenswichtig.

Mit den beiden Weltkriegen wurde es immer notwendiger für die Bäuerinnen, die Höfe selbst bewirtschaften zu können, da die Männer meist als Soldaten eingezogen waren. Eine große Last bürdete man ihnen auf. Einerseits hatten sie die Verantwortung dafür zu tragen, dass die Bevölkerung in diesen Zeiten nicht hungern sollte, dennoch hatten sie kaum landwirtschaftliche Maschinen, um Felder zu bestellen, da die Rüstungsindustrie im Vordergrund stand. Selbst die Pferde wurden ihnen weggenommen, da sie für die Armee gebraucht wurden. Hinzu kam, dass im Zweiten Weltkrieg die Nationalsozialisten die Bäuerinnen ideologisch überhöhten – und dieses propagierte Bild nicht im Geringsten der Wirklichkeit entsprach. Immerhin gab es einige unerschrockene Gutsbesitzerinnen, die sich dagegen wehrten und sich im Widerstand organisierten, und Pfarrfrauen in kleinen Dörfern nahmen Juden auf und ermöglichten ihnen dadurch ein Überleben.

Mit der Nachkriegszeit kamen die technischen Neuerungen. Dass Bäuerinnen diesen skeptisch ge-

genüberstanden und lieber den Männern den Traktor überließen, ist eine Legende. Oft genug waren es die Frauen, die ihre Männer dazu überredeten, landwirtschaftliche Maschinen auf dem Hof einzuführen – immerhin hatten sie im Krieg erlebt, wie ihnen diese fehlten. Sie waren stolz, den Treckerführerschein in der Hand zu halten, noch mehr, wenn sie die Pkw-Prüfung bestanden hatten. Nun waren sie mobil, konnten in die nächstgrößere Stadt fahren – und erlebten ein großes Gefühl von Unabhängigkeit.

Eine andere Freiheit erfuhren die Bäuerinnen in den Landwirtschaftlichen Produktionsgenossenschaften (LPG) der DDR. Private Höfe gab es kaum noch, sollte man sich doch den LPGs anschließen und sein Eigentum abgeben. Diese Frauen hatten oft Freude an der Arbeit im Kollektiv auf den großen Ackerbauflächen, doch vielen fehlten die Eigenverantwortung und die Nähe zu den Tieren. Entspannten sich andere an ihrem Feierabend, bebauten sie ihr kleines Stück Land, das sie behalten durften, und kümmerten sich um ihre Schweine und Gänse. Sie waren mit Leib und Seele Bäuerin, und das hieß: Sie forderten für sich Selbstbestimmung ein.

Immer noch haben die Frauen auf dem Land ihren Pioniergeist nicht verloren. Auf der Suche nach neuen Ideen sind sie außerordentlich kreativ und erfinderisch. So verbinden sie landwirtschaftlichen Gemüseanbau mit Genuss und machen daraus Kochevents, mitunter auch im Gewächshaus. Ob Bauernhof-Cafés, Catering-Sevice, Kindergärten auf dem Land oder Hoffeste mit kunstgewerblichen Ausstellungen – Bäuerinnen haben je nach eigenen Interessen die unterschiedlichsten Einfälle. Mit ihrem sicheren Gespür für Wesentliches setzen sie sich auch für gesellschaftliches Umdenken ein. Sie pflanzen alte, längst vergessene Gemüsesorten an und machen sich von großen Saatgutkonzernen unabhängig. Die Menschen wieder an eine gesunde Ernährung heranzuführen ist ihnen noch mehr als früher ein besonderes Anliegen. Dabei haben sie besonders die Kinder im Blick, die oft nicht mehr wissen, wie eine Kartoffel wächst. Auch engagieren sie sich für bessere Lebensbedingungen der Frauen auf dem Land, setzen sich politisch ein.

Die Menschen, die heute aufs Dorf fahren, finden dort starke Frauen vor – vielleicht ist es auch das, was die Menschen am Landleben so fasziniert. Von einigen dieser außergewöhnlichen Frauen berichtet dieses Buch.

KAPITEL I

Von der Liebe wurde nicht geredet, aber es gab sie doch

Die heimlichen Annäherungsversuche geschahen nachts. Über die Leiter stieg der junge Mann zum Fenster seiner Angebeteten. Doch nicht immer waren diese Unternehmungen von Erfolg gekrönt. Und nicht immer waren sie so romantisch, wie wir heute annehmen. Öffnete ein Mädchen das Fenster nicht freiwillig, so konnte es passieren, dass ein gekränkter Verehrer ihr die Scheiben einwarf. Mit Folgen für die junge Frau: Fortan galt sie in ihrem Dorf als widerspenstige und schwierige Person, und ihre Heiratschancen sanken rapide. Ein lästiger Verehrer konnte beim Fensterln mit dem Inhalt eines Nachttopfs in die Flucht geschlagen werden. Zu dieser Maßnahme griff selten das Mädchen, dem das Werben galt, sondern häufiger die alte Tante oder der Vater. Ein Verliebter hingegen zog dem Rivalen schon mal die Leiter unter den Füßen weg. Die vorsorglich geöffnete Jauchegrube sorgte jedoch für eine weiche, wenn auch nicht sehr angenehme Landung.

Erste Begegnungen kamen in den Spinnstuben zustande. In kalten Winternächten trafen sich dort die Mädchen, um zu spinnen oder zu stricken, Geschichten zu erzählen und zu singen. Das war für Bauernsöhne eine gute Gelegenheit, nach einer passenden Partie Ausschau zu halten: eine Bauerntochter, die eine gute Mitgift einbrachte, mit der man eine Familie gründen und gut zusammenarbeiten konnte. Wichtiger als Gefühle war die Verantwortung für das »ganze Haus«. Dazu gehörten alle, die auf einem Hof lebten: die alten Eltern, die Geschwister und ledige Tanten, die Knechte und die Mägde. Und die nächste Generation sollte auch noch von dem Hof leben können. Von Liebe war deshalb wenig die Rede. Man würde sich schon aneinander gewöhnen. Und so geschah es auch meistens.

Das Leben der Frau auf dem Land war nicht einfach. Die Hochzeit wurde – wenn genügend Geld vorhanden war – mit viel Prunk und Pracht gefeiert. Doch danach begannen oft die Schwierigkeiten. Nicht immer wurden die Schwiegertöchter mit offenen Armen empfangen. Manchmal mussten einige Kämpfe ausgetragen werden, bis die jungen Frauen ihre eigenen Arbeitsbereiche gefunden hatten, für die sie verantwortlich waren. Für die Erziehung der Kinder blieb wenig Zeit. Diese übernahmen meistens die Großmütter. Sie widmeten sich im Alter den Enkeln und gaben ihnen ihren Erfahrungsschatz weiter. Nicht immer zur Freude der Kinder. Dennoch blieben Großmütter für Bauernjungen und -mädchen vielfach in besonderer Erinnerung. Oft waren sie prägend für ihr weiteres Leben.

Wer heiratet wen?

Auf der Suche nach
dem richtigen Schwiegersohn

Auf dem Dorffest konnten es alle sehen. Besonders beim Tanzen, wenn sie sich schwungvoll drehte. Dann blitzten die vielen Röcke unter ihrer Tracht hervor. Insgesamt sechzehn Röcke waren es. Mit dem Zählen musste man sich nicht abmühen, denn jeder einzelne Rock war nummeriert. Vielleicht sollten die eingestickten Zahlen nicht nur eine schnelle Übersicht über die Menge der Röcke geben, sondern dazu dienen, diese in der richtigen Reihenfolge anzuziehen, damit jeder einzelne auch gut zur Geltung kam. Wir wissen das nicht. Aber es ist nicht zu übersehen, dass die Bauerntochter aus Hessen, die Anfang des letzten Jahrhunderts diese Röcke trug, einen reichen Vater hatte und mit einer ordentlichen Mitgift rechnen konnte. Auch die jungen Burschen aus den umliegenden Dörfern verstanden die Botschaft: Dieses Mädchen war eine gute Partie. Ein armer Knecht konnte sich die reiche Bauerntochter jedoch gleich aus dem Kopf schlagen. Denn wo viel geboten wurde, wurde auch viel erwartet. Der Vater würde sich seinen zukünftigen Schwiegersohn genau anschauen, besser gesagt, seinen Besitz. Ein Hoferbe hatte die größten Chancen. Erst wenn sich kein geeigneter Heiratskandidat finden sollte, würde man die Ansprüche herabsetzen.

Eine der Bäuerinnen auf dem Fest meinte, ihre Tochter sei noch viel zu jung, um unter ihrem Stand zu heiraten. Dabei war »das Kind« bereits dreißig Jahre alt. Doch der Stolz verbot oft eine unpassende Heirat, sodass nicht wenige Bauernmädchen ledig blieben. Von dem Zukünftigen wurde ein angemessener Besitz erwartet. Und selbst die Frauen beeindruckten weniger oft durch Schönheit als durch die Höhe der Mitgift. Mit einer guten finanziellen Ausstattung konnten aber selbst körperliche Defizite ausgeglichen werden. Eine junge Bauerntochter, die ziemlich klein geraten war, erklärte selbstbewusst: »Bei meiner Hochzeit stellt mich mein Vater auf einen Haufen Geld. Dann bin ich groß genug.«

Linke Seite: *Eine hessische Tracht besteht aus mehreren Lagen von kurzen Unterröcken, die übereinander getragen werden. Gefeiert werden kann aber auch im einfachen Dirndl.*

Bei der Tanzenden mit den sechzehn Röcken dachte man noch längst nicht daran, die Anforderungen an den künftigen Schwiegersohn zu mindern. Sie war dreiundzwanzig, im richtigen heiratsfähigen Alter. Würde kein junger Mann in der näheren Umgebung infrage kommen, konnte man immer noch die Näherin, die Hebamme oder den Viehhändler fragen, also jene, die viele Höfe und Bauernfamilien kannten, ob sie denn jemanden wüssten. Am besten einen mit einem schuldenfreien Gehöft, reichlich Pferden für die Feldarbeit und Geschwistern, die bereits finanziell versorgt waren. Schien ein Heiratskandidat den Erwartungen zu genügen, wurde das Anwesen begutachtet und schließlich über die Mitgift verhandelt. Dabei ging es manchmal hart her. Schon eine Kuh, die der eine forderte und der andere nicht geben wollte, konnte die ganzen Hochzeitspläne platzen lassen. War man sich jedoch am Ende einig, gab es ein kleines Festessen, und die Zukünftige bekam ein Brautpfand. Das konnte ein Geldstück sein, feine Handschuhe oder ein Schmuckstück, etwa ein Ring oder eine hübsch verzierte Brosche.

Das Brautpfand war mehr als eine galante Aufmerksamkeit. Es war die Besiegelung eines Vertrags. Welch ein großes Gewicht es hatte, zeigt eine Gerichtsverhandlung Ende des 17. Jahrhunderts in der Grafschaft Lippe. Anna Magdalena Niedermeier, eine reiche Bauernwitwe, wurde von Johann Bernd Lansberger wegen Nichteinhaltung eines Eheversprechens angeklagt. Sie habe seinen Heiratsantrag und das Brautpfand, einen Ring, angenommen, warf er ihr vor. Anna Magdalena erklärte vor Gericht, dass Lansberger ihr den Ring heimlich in die Schürze gesteckt habe. Dennoch entschied das Gericht nach etlichen Gutachten und Verhandlungen, dass Anna Niedermeier den Johann Lansberger heiraten müsse.

Erst als sie ein neues Rechtsgutachten verlangte, bei dem sie unter Eid aussagte, Lansberger niemals die Ehe versprochen zu haben, konnte sie die drohende Zwangsheirat verhindern.

Heiraten auf dem Land war eine wirtschaftliche Angelegenheit, zumindest für diejenigen, die Eigentum hatten. Mit der Verehelichung sollten die Kinder gut versorgt und der Besitz erhalten oder möglichst sogar vermehrt werden. Von Liebe war hier – im Gegensatz zu den bürgerlichen Frauen in den Städten – nicht die Rede. Liebe war eher hinderlich, wenn es um ökonomische Überlegungen ging. Romantische Gefühlsregungen stifteten kaum eine Ehe, was jedoch nicht heißt, dass zwischen den jungen Leuten keine Zuneigung bestand oder sich mit der Zeit entwickelte.

Der am Starnberger See geborene Schriftsteller Oskar Maria Graf erzählt in seinem Buch *Das Leben meiner Mutter* von seiner Mutter Resl, die als wohlhabende Bauerntochter den Bäcker Maxl heiratete. Einer aus der Landwirtschaft wäre ihr lieber gewesen, denn sie arbeitete gern mit den Tieren und auf dem Feld. Aber nicht alle können in einen Bauernhof einheiraten, meinte ihre Mutter, und heiraten müsse

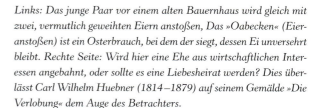

Links: Das junge Paar vor einem alten Bauernhaus wird gleich mit zwei, vermutlich geweihten Eiern anstoßen, Das »Oabecken« (Eieranstoßen) ist ein Osterbrauch, bei dem der siegt, dessen Ei unversehrt bleibt. Rechte Seite: Wird hier eine Ehe aus wirtschaftlichen Interessen angebahnt, oder sollte es eine Liebesheirat werden? Dies überlässt Carl Wilhelm Huebner (1814–1879) auf seinem Gemälde »Die Verlobung« dem Auge des Betrachters.

schließlich jeder einmal. Maxl sei keine schlechte Wahl. Das meinte sogar der Pfarrer, auf dessen Meinung Resl viel Wert legte. Leicht fiel es ihr nicht, als sie nach der Hochzeit aus der Weitläufigkeit ihres Zuhauses in das beengte Handwerkshaus zog. Aber immerhin hatte Maxl einen schönen Stall, in dem ein Pferd und einige sauber geputzte Kühe standen.

In den ersten Jahren hatte Resl immer wieder Heimweh nach ihrer Familie, nach dem Hof und nach der gewohnten Arbeit. Aber sie wuchs in ihr neues Leben als Bäckersfrau hinein, auch wenn sie im Herzen stets eine Bäuerin blieb. Sogar ihre Sympathie zu Maxl wuchs. Oskar Maria Graf erzählt über einen Besuch von Resl zusammen mit Maxl in ihrem Elternhaus, kurz nach dem Tod der Mutter. Auf dem Heimweg stapften beide durch den hohen, knirschenden Schnee, und Resl schob ihren Arm unter Maxls Arm, eine ungewohnte Geste der Vertrautheit. »Hergott aber!‹, lächelte Maxl leicht und schaute sie von der Seite an, ›du machst mir aber heut warm! Warum pressiert's dir denn gar so?‹ – ›Es ist doch ein Haufen Arbeit daheim, Maxl‹, antwortete sie verborgen zärtlich, und ihr Gesicht frischte sich von Schritt zu Schritt mehr auf. Der Maxl sann froh in sich hinein.«

Bei den Dorfbewohnern ohne Besitz sah alles ganz anders aus, wirtschaftliche Interessen spielten bei ihren Heiratsplänen keine Rolle. Ihre Wahl war freier. Dennoch träumten viele junge Mädchen von einem Stück Land, einer Kuh und einigen Schweinen und Hühnern. Sie ehelichten deshalb oft einen tüchtigen Mann, der auch schon etwas Erspartes hatte, um ihre Wünsche zu verwirklichen. Manche trafen ihre Entscheidung aber allein nach ihrem Gefühl. So zum Beispiel die Dienstmagd Christina Gabriel (1766–1835) im Herzogtum Westfalen. Über ihr Leben ist einiges bekannt, da sie eine Autobiografie unter dem Titel *Meine Lebensgeschichte* verfasst hat. Dass eine Dienstmagd schreiben konnte, war für die damalige Zeit sehr ungewöhnlich. Noch ungewöhnlicher war, dass eine einfache Frau ihr Leben aufzeichnete. Ihre schriftlichen Erinnerungen sind deshalb ein seltenes Dokument.

Christina Gabriel hatte eine gute Stelle in einem Schloss bei einer Adelsfamilie. Von ihrer Herrin wurde sie sehr geschätzt. Und sie war hübsch. Mit ihren roten Backen sah sie gesund und frisch aus und entsprach dem damaligen Schönheitsideal. Es gab viele Männer, die um sie warben. Sie genoss es und schrieb in ihren Aufzeichnungen: »Nachtmusik wurde mir oft gebracht, wie angenehm und bezaubernd ist dieses auf dem Lande.« Der Stallmeister des Schlosses, der als ranghöchster Bediensteter hoch in der Gunst des Grafen stand, bemühte sich ganz besonders um sie. Immer wieder suchte er Gelegenheiten, ihr zu begegnen. Doch Christina Gabriel war wählerisch. Sie schrieb: »Das half aber alles nicht, er gefiel mir nicht, denn ich hatte hier Anbeter genug.«

Eines Tages verreiste Christina Gabriel mit ihrer Herrin. Ihr hartnäckiger Verehrer, Carl Müller, und ein anderer Bediensteter begleiteten die Kutsche zu Pferde. »Er ritt immer weiter gegen den Wagen, sodass er mich sehen konnte. Er sah mich traurig an.

Er war sehr stattlich in seiner Stallmeisters Uniform gekleidet. Sein trauriges Aussehen flößte mir Mitleid ein. Ich hatte ihn oft durch mein hartes Betragen, was mir jedoch erst jetzt einfiel, gewiss mehrmalen beleidigt. Jetzt sah er so sehnsuchtsvoll, so schmachtend und so traurig zu mir in den Wagen, mein Mitleid verwandelte sich in Liebe.«

Im Verlauf dieser Reise knüpften die beiden erste zarte Bande. Der Stallmeister stieg vom Pferd ab und lief neben der Kutsche her. Er plauderte mit der Herrin, um unbemerkt die Hand seiner Angebeteten halten zu können. So lief er vier volle Stunden neben dem Gefährt her, durch Matsch und Pfützen, »als wenn er angenagelt wäre«, schrieb Christina Gabriel. Auch die entsetzten Äußerungen der Herrin – »Herr Stallmeister, Sie gehen ja im Wasser« – konnten ihn nicht davon abhalten, zu Fuß neben dem Gespann herzulaufen.

Christina Gabriel heiratete schließlich den Stallmeister Carl Müller. Es war eine Liebesheirat, die allerdings nicht lange andauerte. In ihren Aufzeichnungen schrieb sie: »Mein Mann trug mich auf Händen, er war sehr gutmütig gegen alle Menschen, das hatte ich lange gewusst, und der zärtlichste Ehe-

mann, dass er aber leichtsinnig war, wusste ich noch nicht. Wir lebten eine Zeit lang sehr glücklich ... Oh wie liebten wir uns.« Doch der Leichtsinn stürzte sie ins Unglück. Ihr Mann trank und spielte. Er verlor seine Stelle und belog und betrog sie, um an Geld zu gelangen. Lange Zeit hielt sie an dieser Ehe fest und glaubte immer wieder seinen Versprechungen und Liebesschwüren, auch wenn sie wütend über seine Lügen war: »... und dennoch liebte ich diesen Mann noch immer mit der zärtlichsten Liebe.« Doch nachdem ihr Mann sie und die gemeinsamen drei Kinder in größte Armut gebracht hatte, verließ sie ihn.

Ob aus Liebe geheiratet oder die Hochzeit von den Eltern arrangiert wurde, beides sagte nichts darüber aus, wie sich die Beziehung eines jungen Paares entwickeln würde. Das gemeinsame Wirtschaften stand im Mittelpunkt. Wenn das gelang, schien es für alle eine gute Ehe zu sein.

Das Mädchen mit den sechzehn Röcken heiratete einen wohlhabenden Bauernsohn. Die Hochzeit wurde groß gefeiert, und es wurde an nichts gespart. Sie bekam ein kostbares Festtagsgewand und war prächtig geschmückt. Auf dem Kopf trug sie eine schwere Brautkrone. Es wurde an Speisen aufgetra-

Rechts: Ein voller Wäscheschrank war der Stolz einer jeden Bäuerin. Bei dieser Kufsteiner Bäuerin ist die Wäsche oben gestapelt und unten gerollt. Unten: Ein Brautwagen informierte die gesamte Dorfbevölkerung darüber, ob die Mitgift großzügig oder bescheiden war. Getuschelt wurde aber in jedem Fall.

gen, dass sich die Tische bogen. Dazu gab es reichlich zu trinken und viel Musik und Tanz. Dieses ausgelassene Fest war auch für die anderen Frauen und Männer im heiratsfähigen Alter eine gute Gelegenheit, sich kennenzulernen.

Eine Hochzeit war nicht nur ein Familienfeier, sondern eine, an der das ganze Dorf teilnahm. Schon vorher halfen die Nachbarn bei den Vorbereitungen. Der Hof wurde schön hergerichtet, es wurde geschlachtet, gebuttert, gebacken und gekocht. Alle freuten sich auf das große Ereignis.

Die Bediensteten bekamen Geschenke und Trinkgelder, wenn die junge Frau mit dem Kammerwagen am Tag vor der Hochzeit in ihrem neuen Zuhause ankam. Und auch für die Jungen und Mädchen des Dorfes fiel etwas ab. Sie zogen eine Schnur über den Weg, kurz bevor sie das Gespann mit der Aussteuer in der Ferne kommen sahen. Die Pferde mussten anhalten, und erst als die Braut den Kindern einige Münzen hingeworfen hatte, durfte sie ihren Weg fortsetzen.

Der Kammerwagen war voll beladen mit ihrer Aussteuer und enthielt alles, was sie in ihrem

Leben brauchen würde, sogar ihr Leichenhemd. So befand sich das Ehebett darauf, eine Truhe, ein Kleiderkasten mit aufgemalten religiösen Motiven und natürlich das Spinnrad. Am hinteren Ende des Gefährts war noch eine Kuh mit blumengeschmückten Hörnern angebunden, die ebenfalls zur Aussteuer gehörte. Auf dem Wagen saß die Braut und neben ihr die Näherin, die die Wäsche aus feinem Leinen angefertigt hatte. Das ganze Dorf war auf den Beinen, um zu sehen, was die neue Bäuerin mitbrachte. Deshalb war es wichtig, dass der Wäscheschrank bis in den letzten Winkel gefüllt war. Und das war er bei dieser reichen Bauerntochter mit den vielen Röcken. Bei einem solchen Besitz fuhr man gern einige Umwege durch das Dorf, um das Hab und Gut auch allen zu zeigen. Für diejenigen, die nicht so viel besaßen, gab es einige Kniffe beim Zusammenfalten der Leinentücher und des Bettzeugs, um es nach mehr aussehen zu lassen. Aber die Dorfbewohner ließen sich nicht so leicht täuschen. Ein gezielter Griff in den Schrank hinter den vorderen Stapel der Wäsche klärte schnell über den tatsächlichen Besitz auf. Und hätte die hessische Bauerntochter einige Jahrzehnte später geheiratet, dann hätte ihr Kammerwagen vielleicht anders ausgesehen. Bei einer Bauernhochzeit 1955 im Münsterland brachte die Braut nicht wie üblich eine Kuh, sondern ein Fernsehgerät als Aussteuer mit.

In guter Hoffnung?

Die ersten Ehejahre waren nicht immer einfach

Marie Schieringer hatte es nicht einfach mit ihrem Mann. An manchen Tagen konnte sie es ihm nicht recht machen. So auch an diesem, dem 11. September 1874. Da stand Marie vom Frühstückstisch auf, um ihr Tagebuch zu holen. In diesem hielt sie dann fest: »Morgens 7 Uhr – Gerhard am Kaffeetisch immer mit mir gescholten, dass die Erbsen nicht rein ausgedroschen wären, es wären wohl noch 2 Köbken voll darin geblieben, ich wäre eine recht verschwenderische Frau, er hätte sie nicht schlimmer kriegen können usw. Gestern Morgen und heute Morgen immer meinen Kaffee mit Thränen getrunken.« – Es war nicht Maries Art, ihre Gefühle niederzuschreiben. Aber Auseinandersetzungen mit ihrem Mann nahm sie sich doch sehr zu Herzen, sodass sie sich ihren Kummer von der Seele schreiben musste. Am 18. Januar 1876 notierte sie in ihr Tagebuch: »Ich machte Gerhard Vorwürfe, dass wir gar kein trockenes Brennholz hätten, seit Weihnachten keinen einzigen Splitter mehr, hierüber war er so sehr aufgebracht: er wollte, dass er mich nie gesehen hätte, oder er wollte lieber, dass er ein fettes Schwein für mich bekommen hätte.«

Szenen einer Ehe – diesen seltenen Einblick geben die Aufzeichnungen der kinderlosen Bäuerin Marie Schiering aus dem Artland bei Osnabrück. Von 1873 bis 1919 notierte sie fast täglich kurze Bemerkungen über ihr Alltagsleben. Meist ging es dabei um die Arbeit, ob etwa das Getreide geschnitten oder ein Schwein geschlachtet wurde. Oder sie stellte fest, wie das Wetter war. Über ihren Mann Gerhard schrieb sie nur etwa, dass er in die Kirche gegangen sei oder mit den Knechten geschimpft habe, weil sie zu wenig spinnen würden. Ausführlicher wurde sie nur, wenn er seinen Ärger an ihr ausließ. Das beschäftigte sie dann sehr.

So wie bei Marie und Gerhard hatten meistens die Männer in der bäuerlichen Ehe das Sagen. Aber die Frauen besaßen oft einen eigenen Herrschaftsbereich, in den sich ihr Mann nicht einmischte. Und war die Ehe eher unglücklich zu nennen, dann hatten die Bäuerinnen immer noch ihre Kinder, die sie zu versorgen hatten, ihre Mägde, die sie zur Arbeit anhielten, ihren Garten oder ihre Hühner. All dies tröstete die Frauen über manchen Kummer hinweg. Bei Barbara Passrugger (1910–2001), einer Bergbäuerin aus dem Salzburger Land, die in mehreren Büchern ihre Lebenserinnerungen aufzeichnete, war der Trost eine Kuh: »Ich weiß nicht warum, aber ich hatte eine richtige Beziehung zu dem Tier. Die Kuh erkannte

mich schon an der Stimme. Wenn ich wo geredet habe, ist sie schon zu mir gekommen. Wenn mir so richtig schwer ums Herz war, ging ich in den Stall und habe das der Kuh erzählt, habe geweint, habe sie um den Hals genommen. Sie hat mich mit der Zunge abgeschleckt, den Kopf zu mir gelegt, und mir ist vorgekommen, die Kuh versteht mich. Der konnte ich mein Herz ausschütten.«

Die Ehen auf dem Land wurden durch die gemeinsame Arbeit bestimmt. Das schaffte oft eine Befriedigung und Verbundenheit. Wenn die Ernte gut eingebracht wurde, war es ein gemeinsamer Erfolg, zu dem jeder beigetragen hatte. Über eine innere Zuneigung in der Ehe wurde wenig geschrieben, doch in manchen Erinnerungen wird sie sichtbar, so bei Anna Wimschneider (1919–1993), einer Bäuerin aus Niederbayern, deren Lebenserinnerungen *Herbstmilch* zu einem Bestseller wurden. Sie sparte heimlich das Geld vom Eierverkauf, um ihrem Mann an Weihnachten Geschenke machen zu können. Einmal war es eine gummibereifte Schubkarre, die es damals noch ganz selten gab. Damit machte sie ihm eine große Freude. Und ein anderes Mal hatte sie den ganzen Sommer etwas zur Seite gelegt, um ihrem Mann Albert zwei Schneeketten für den Traktor unter den Christbaum zu legen. Manchmal kaufte sie ihm Zigaretten, weil sie es gern hatte, wenn er rauchte. Auch ihr Mann beschenkte sie großzügig. Als er während des Zweiten Weltkriegs Urlaub hatte, besorgte er ihr einen hübschen geblümten Stoff für

ein Sommerkleid und ein Jäckchen dazu. In diesem neuen Kleid ließ sie sich, zusammen mit Albert, fotografieren. Dieses Bild trug er immer bei sich.

Nach der Heirat eines Paares dauerte es meistens nicht lange, bis sich Nachwuchs einstellte. Die Dienstmagd Christina Gabriel schrieb in ihren Erinnerungen über ihr erstes Kind, das sie erwartete: »Ich war schwanger und war sehr vergnügt, dass ich nun bald ein Kind haben würde. Oh, wie freute ich mich auf dieses kleine Wesen – ich konnte kaum die Zeit erwarten, bis ich es sehen würde.« Und die Bäuerin Barbara Passrugger, die sechs Kinder hatte, erzählte: »Immer, wenn ein Kind unterwegs gewesen ist, habe ich mich richtig gefreut. Auch so, wenn die ganze Schar um mich herum war, habe ich mich richtig wohl gefühlt.«

Kinder gehörten zu einer Ehe dazu, und mit der ersten Schwangerschaft stellte die junge Frau ihre Fruchtbarkeit unter Beweis. Wenn sie aber jedes Jahr ein Kind erwartete, ließ die Freude über die Gebärfähigkeit schon bald nach. Besonders bei Frauen aus ärmeren Bevölkerungsgruppen wurde die Sorge mit jedem Familienzuwachs größer. Für reiche Bauern hingegen symbolisierte ein ansehnlicher Kindersegen Wohlstand.

Schwangeren Frauen auf dem Land kam es nicht in den Sinn, sich zu schonen. Unermüdlich arbeiteten sie weiter. Oskar Maria Graf berichtet über seine Mutter Resl, dass sie es völlig ignorierte, wenn ihr Mann Maxl sie tadelte und sagte, sie solle sich ausruhen, zumal die Geburten mit zunehmendem Alter doch immer schwieriger werden würden. Sie entgegnete einfach nur, dass die Arbeit getan werden müsse! Resls Einstellung entsprach dem, was die meisten Männer zu ihrer Zeit auch erwarteten.

Barbara Passrugger schildert in ihren Erinnerungen *Steiler Hang*, dass sie am Nachmittag, als die

Wehen einsetzten, ihren Mann bat, die Hebamme zu holen. »Er blieb bei seiner Arbeit, und ich ging so gegen halb vier in den Stall. Dann sagte ich ihm noch einmal, er soll die Hebamme holen gehen. Er ging dann auch, und ich machte noch im Stall weiter. Als die Hebamme da war, sagte sie, ich soll die Stallarbeit bleiben lassen. Ich musste aber unbedingt noch eine Kuh melken, die sich sonst von niemandem melken ließ. So habe ich noch die Kuh gemolken, bin dann hinein, habe mich ein bisserl gewaschen und ins Bett gelegt. Und eine halbe Stunde drauf ist schon das älteste Mädchen dagewesen.«

Die Geburtshelferin war für die werdenden Mütter eine enge Verbündete, die ihnen bei der Entbindung beistand. Oft waren die Schwangeren sehr ängstlich, denn fast jede kannte eine Frau, die im Kindbett gestorben war. Der Hebamme vertrauten

sie. Und nicht nur ihr. Sicherheitshalber verwendeten die Gebärenden auch Amulette, Schutzketten oder ein geweihtes Heiligenbild. Während der schmerzhaftesten Geburtsphase konnten manche Frauen sogar richtig wütend auf ihre Männer werden. Eine Bäuerin rief bei der Entbindung ihres fünften Kindes: »Das war das letzte Mal! Jetzt lasse ich mir kein Kind mehr anhängen.« Eine bayerische Landhebamme erzählte von einer anderen Frau in den Fünfzigerjahren, die aus Leibeskräften schrie, als sie in den Wehen lag. Die Geburtshelferin erklärte ihr, dass sie weniger schreien, sondern sich mehr auf ihre Atmung konzentrieren solle, um dadurch den Schmerz zu reduzieren und ihr Kind mit Sauerstoff zu versorgen. Die Frau sagte daraufhin: »Ja, glauben Sie, ich schreie grundlos? Mein Mann soll wissen, was er mir angetan hat und was ich wegen ihm durchstehen muss!«

Gebären war Frauensache. Neben der Hebamme half oft auch die Nachbarin oder die Schwiegermutter. Die Männer hielten sich meistens zurück. Sie verzogen sich in den Stall oder auf das Feld, um zu arbeiten, bis ihnen jemand die freudige Nachricht überbrachte. Es gab aber auch Geburtshelferinnen, die sich die werdenden Väter als ihre Assistenten aussuchten. Diese mussten dann heißes Wasser holen, die Instrumente reinigen und ihre Frau stützen. Eine Schweizerin, deren Mann in den Vierziger- und Fünfzigerjahren bei acht von ihren zehn Geburten dabei war, erzählte, dass sie sich keinen besseren Geburtshelfer hätte vorstellen können. War das Kind schließlich da, sei er immer mächtig stolz gewesen.

Ob die Frauen sich nach der Geburt ausruhen konnten oder nicht, hing davon ab, ob sie Magd, arme oder reiche Bäuerin waren. Erstere standen schon bald nach der Entbindung wieder auf, um ihren Pflichten nachzugehen. Dabei hätten sie oft viel lieber mehr Zeit mit ihrem Baby verbracht. Anna Wimschneider schrieb: »Wenn ich von der Arbeit hereinkam, hätte ich das Kindlein gerne an mich gedrückt und es liebgehabt.« Aber ihre Schwiegermutter und die Tante ließen es nicht zu. Bäuerinnen von größeren Höfen, vor allem in Norddeutschland, blieben – wie der Name schon sagt – sieben Tage nach der Geburt im Wochenbett. Eine Woche lang genossen sie ihren Sonderstatus und ließen sich von ihren Nachbarinnen mit Essen versorgen, um wieder zu Kräften zu kommen.

An dem Neugeborenen hatten die Mütter eine besondere Freude. Manchmal war ein Baby auch ein Trost, so wie bei der Dienstmagd Christina Gabriel, deren Ehemann Carl Müller sich mehr in Wirtshäusern als zu Hause aufhielt: »Ich hatte nun ein kleines Kind, oh, wie schmiegte ich mich an dieses kleine Wesen, weil dieses das einzige war (so dachte ich in meinem Kummer), das mich treu liebte. Oh, wie oft sagte ich zu dem unschuldigen Kinde, wärest du erst groß, ich hätte dann doch jemand auf der Welt, mit dem ich im Vertrauen sprechen könnte.«

Bei der Taufe ihres Neugeborenen konnten die Mütter meistens nicht dabei sein, weil sie häufig schon ein oder zwei Tage nach der Geburt vollzogen wurde. In katholischen Gegenden galten Frauen, die entbunden hatten, als unrein und durften die Kirche erst wieder betreten, wenn sie vom Pfarrer an der Tür eingesegnet wurden. Zur Taufe gingen deshalb nur der Vater, die Hebamme, die Patin und manchmal auch einige Nachbarn. Das anschließende Essen fand bei der Familie zu Hause oder in der Wirtschaft statt. In manchen Gegenden gehörte zu einer richtigen Tauffeier sogar ein feuchtfröhliches Zusammensein. Eine Bäuerin erinnerte sich an ein Kindheitserlebnis in den Zwanzigerjahren mit ihrer Großmutter, die Hebamme war. Sie »hat bei so einer Taufe dem Wein sehr gerne zugesprochen, und es wurde manchmal zu viel. So war es einmal der Fall, dass beide Frauen, Patin und Hebamme, im selben Zustand waren und den Säugling verkehrt in die Taufdecke einpackten, mit dem Kopf nach unten. Beim Aussteigen aus der Kutsche rutschte das Kind aus seiner äußeren Umhüllung, es steckte mit dem Kopf im Schnee. Ich zog es sofort heraus, es war ihm aber nichts passiert. Ich glaube, beide Frauen waren sofort nüchtern.«

Kein Hoferbe,
aber starke Töchter

Wenn du einen Buben willst, Bauer, dann musst du zuerst einen machen!«, erklärte die Hebamme dem enttäuschten Vater, als seine Frau ein Mädchen zur Welt brachte. Dass es sein Beitrag war, der das Geschlecht seines Kindes bestimmte, wusste er nicht. Aber die Hebamme wusste es. Sie schimpfte mit den Männern, wenn sie ihre Frauen tagelang nicht ansahen, nur weil sie statt des ersehnten Hoferben ein Mädchen geboren hatten. Söhne wurden als Nachkommen einfach favorisiert. Ein Vater, der viele Töchter hatte, wurde als Büchsenmacher belächelt, weil er nur »Büchsen«, wie Mädchen abfällig genannt wurden, »machte«. Einige hängten dann leere Dosen auf seinen Hof, die im Wind klapperten und einen ordentlichen Lärm machten, und schon wusste das ganze Dorf Bescheid, dass es wieder nur ein Mädchen war. Aber was sollte man machen? Manchmal setzte sich einfach das Weibliche durch. Ein Bauernpaar, das bereits sieben Mädchen hatte, versuchte es bei der achten Geburt mit einer neuen, noch ganz jungen Geburtshelferin. Aber auch sie konnte nichts mehr ausrichten. Es wurde wieder ein Mädchen.

Den Hof gab man an einen Sohn weiter. Gab es jedoch keinen männlichen Erben, wurde nach einem geeigneten Schwiegersohn gesucht. Heute übernehmen zwar auch Töchter einen landwirtschaftlichen Betrieb, dennoch ist ein männlicher Nachfolger im bäuerlichen Denken tief verankert. Eine Bauerntochter, die Anfang der Sechzigerjahre geboren wurde und später den Hof ihrer Eltern übernahm, erzählte, dass sie zu Hause drei Schwestern waren. Der Vater hatte auf einen Sohn gehofft, aber daraus wurde einfach nichts. Das Mädchen hatte große Freude an der Landwirtschaft und versuchte, ihrem Vater den männlichen Nachfolger zu ersetzen. Wenn er mal wieder sein Schicksal beklagte, dass er nur Töchter hätte, sagte sie: »Ich weiß gar nicht, was du hast – für Mädchen gibt es schließlich auch Kindergeld.«

Für diese Bauerntochter war es selbstverständlich, eine Ausbildung zu machen. Sie lernte Landwirtin. Drei Jahrzehnte früher mussten die Kinder schon nach wenigen Jahren die Schule verlassen und entweder zu Hause auf dem eigenen Bauernhof oder auf einem fremden arbeiten.

Barbara Passrugger schrieb in dem ersten Band ihrer Lebenserinnerungen *Hartes Brot*, dass sie gern länger zur Schule gegangen wäre. Aber sie durfte nicht. Sie musste bei ihrer Ziehmutter in den Dienst gehen. Das war schon seit ihrer Geburt eine beschlossene Sache. Barbaras Mutter war wenige Tage, nachdem sie auf die Welt kam, gestorben. Der Vater hatte bereits die sieben älteren Söhne und Töchter zu versorgen und gab deshalb das Neugeborene zu einer wohlhabenden, verwitweten Bäuerin, die selbst Kinder hatte. Mit dieser Frau traf er eine Abmachung, die Barbaras weiteres Leben bestimmten sollte: »Mein Vater hat mit meiner Ziehmutter ausgemacht, dass ich bei ihr bleiben muss, solange sie lebt. Für die Arbeit am Hof sollte sie mir keinen Lohn geben müssen. Ich musste abdienen, denn er, mein Vater, hatte meiner Ziehmutter für mich nie Unterhalt bezahlt. So musste sie mir außer Kost und ein wenig Kleidung oder etwa einem Paar unbedingt notwendige Schuhe nichts geben.«

Für Barbara Passrugger war die Bäuerin wie ihre eigene Mutter, sie hätte sich keine bessere vorstellen können. Die liebevolle Beziehung zwischen Barbara und ihrer Mutter änderte nichts an der Abmachung. Das Mädchen arbeitete bei der Witwe wie eine Magd, nur ohne Lohn. Sie machte jede schwere Arbeit. Mist auf dem Feld auszubreiten war besonders anstrengend, weil dies in einer halb gebückten Haltung gemacht werden musste. Manchmal konnte sie nachts vor lauter Rückenschmerzen nicht schlafen. Überhaupt wurden Mädchen schon im frühen Alter tüchtig herangenommen. Holzholen und Schneeschaufeln gehörten zu den ersten Tätigkeiten, sobald sie einen Korb oder eine Schaufel halten konnten. Sie arbeiteten genauso wie die Jungen. Aber auch die standen den Mädchen in nichts nach. Sie strickten Strümpfe, stopften Socken, flickten und konnten sogar kochen.

Barbara hätte sehr gern eine Ausbildung gemacht. Für Mädchen war das nicht vorgesehen, und für eine Dienstmagd erst recht nicht. Mit sechzehn Jahren wagte sie einen Versuch, aus ihrem vorgesehenen Weg auszubrechen. Die Idee kam ihr, als ihre »Mutter« sie in die Stadt mitnahm, um Besorgungen zu machen. Dabei mussten sie auch zu einer Näherin. Dieser Beruf hätte ihr gefallen. Aber sie konnte die Näherin nicht in Anwesenheit der Bäuerin nach einem Ausbildungsplatz fragen: »Darum dachte ich, ich müsste es versuchen, allein nach Radstadt zu kommen. Denn zu sagen, dass man so gern in die Lehre möchte, hätt' man sich nicht getraut, weil man schon gewusst hat, dass man eigentlich zu Hause bleiben müsste.«

Das junge Mädchen setzte ihren Plan in die Tat um. Heimlich fuhr sie erneut nach Radstadt und sprach mit der Näherin. Die hätte sie schon genommen, aber nur gegen Bezahlung. Zu allem Übel wurde ihr Ausflug entdeckt.

»Nähen lernen! Was dir alles einfällt! Du hättst Wünsche!«, schimpfte der Vater, als er von ihrem Wunsch erfuhr. Und auch im Dorf zerriss man sich den Mund: »Die wär gern nahn gangen, stell dir vor! Was die sich einbildt!«

Der Lebensweg von Katharina Nagler aus der Oberpfalz verlief anders, obwohl ihre Ausgangslage nicht besser war. Sie musste in den Fünfzigerjahren mit elf als Hirtenmädchen zu Bauern in den Dienst gehen, nicht um Geld zu verdienen, sondern weil es zu Hause nicht für alle zehn Kinder genug zu essen gab. Zudem war ihr Vater lungenkrank und musste immer wieder ins Sanatorium. So kam Katharina zum ersten Bauern. Eine ältere Schwester brachte sie mit dem Fahrrad dorthin. Die Eltern glaubten, dass es ihr bei dem Bauernpaar gutgehen würde, aber dem war nicht so, wie sie sich erinnert: »In der Früh hat mich die Bäuerin aufg'weckt – ich hab ja in so einem kleinen Eck in der Speisekammer schlafen müssen – und wenn ich dann aufgstanden bin, hab i gleich Schläge kriegt. I hab ned g'wusst warum. Aber tagtäglich! Und dann hieß es: ›Naus, jetzt steh auf! Geh in Stall!‹«

Nach einem Jahr holte sie der Vater und brachte sie auf einen anderen Hof, auf dem er selbst als Kind gearbeitet hatte. Katharina wäre lieber daheim bei ihren Eltern geblieben, aber es war immer noch nicht möglich. Bei dem zweiten Bauern gefiel es ihr trotz der vielen Aufgaben, die sie zu verrichten hatte, dennoch besser. Sie musste morgens und abends in den Stall und nachmittags das Vieh hüten. Jeden Tag nach der

Schule trieb sie sechzehn Milchkühe und einige Kälber auf die Weide. Begleitet wurde sie von einer Ziege, die keinen Schritt von Katharina wich. Wenn jemand anderes mit den Kühen und der Geiß auf die Weide ging, kehrte das anhängliche Tier einfach um und lief nach Hause. War sie nicht dort, lief sie im Dorf spazieren, bis sie das Hirtenmädchen auf einem Feld fand.

An einem Nachmittag, als Katharina wieder einmal die Kühe hütete, setzte sich das Mädchen an den Waldrand und schlief dabei ein: »Als ich wieder aufgewacht bin, war nichts mehr da. Keine einzige Kuh! Sogar meine Ziege war weg. Ich hab nur gedacht: Was machst jetzt? Ich bin dann zum Hirtenbuben gangen, der ganz in der Nähe sein Vieh gehütet hat. Mir ham immer zsammghalten. Und dem hab ich gsagt: ›Geh zu meim Bauern und sag ihm, dass ich kein Vieh mehr hab. Ich muss es erst suchen.‹ Dann bin ich los und hab mein Vieh gsucht. Drei Kühe hab ich schließlich gfunden. Eine stand mitten im Kleeacker und hat sich satt gefressen. Einen Bauch hat die ghabt! Vollkommen aufgebläht! Ich hab bloß gedacht: Wenn das nur gutgeht! Dann hab ich noch zwei Kälbchen gefunden und sonst nichts. Das Vieh hab ich dem Hirtenbuben zum Heimtreiben geben und dann hab ich mich hinter so ein Gestrüpp am Hang hingsetzt. Und ich hab mich nicht bewegt. So gfürchtet hab ich mich. Dunkel ist es auch schon gwesen.«

In der Zwischenzeit hatten sich der Bauer, die Bäuerin, die Magd und der Knecht aufgemacht, um das Vieh zu suchen. Die Tiere fanden sie schließlich kurz vor Mitternacht, friedlich wiederkäuend auf einer Waldwiese. Nun ging die Suche nach Katharina los. Sie riefen nach ihr und sagten, das alles sei nicht so schlimm. Die Kühe seien ja wieder da. Schließlich wagte sie sich aus ihrem Versteck hervor, weil ihr eine Nacht allein in der Dunkelheit nicht sehr verlockend erschien. Der Bauer war erleichtert, als er sie sah, und meinte, das könne ja mal passieren. Sie müsse jetzt nur helfen, die Kühe im Stall zu versorgen. Ärger wegen diesem Malheur bekam Katharina nur mit der Magd, die an diesem Abend zum Tanzen gehen wollte.

Für die Bauernfamilie war das Mädchen fast wie ein eigenes Kind. Und dennoch gab es einen großen Unterschied: Sie war zum Arbeiten da. Die Söhne und Töchter des Bauern dagegen gingen jeden Tag in die Schule und studierten später. Katharina muss-te im Sommer den Unterricht manchmal ausfallen lassen, weil es einfach so viel zu tun gab. Trotzdem stahl sie sich manchmal davon, um am Unterricht teilzunehmen. Der Lehrer schrieb dem Bauern zwar immer wieder Briefe, dass er Katharina doch ständig zur Schule gehen lassen sollte, aber es nützte wenig. Die Arbeit auf dem Hof ging vor.

Nach vier Jahren nahm ihr Leben jedoch eine Wende. Bei einer Schuluntersuchung wurde festgestellt, dass ihre Wirbelsäule durch die schwere Arbeit deformiert war. Sie konnte nicht länger bei dem Bauern tätig sein. Trotz eines fehlenden Schulabschlusses gelang ihr schließlich die Ausbildung als Krankenschwester. Später wurde sie Stationsschwester. Manchmal erzählte sie von früher, als sie noch nicht eine Position in einem großen Klinikum in München innehatte, sondern ein einfaches Hirtenmädchen auf einem kleinen Dorf war, das nicht immer zur Schule gehen durfte.

Wohin mit der Großmutter?

Der Generationenwechsel

Die Großmutter war herzensgut, aber ein bisschen seltsam. Vor allem war sie sehr fromm. Jeden Morgen ging sie in die Kirche, und zu Hause, auf einem Rittergut in Sachsen, saß sie häufig auf der Bank mit ihrem Andachtsbüchlein und las darin oder sang bei der Küchenarbeit andächtig ein geistliches Lied. Ihre Enkelkinder hielt sie zu einem gottgefälligen Leben an. Am Abend vor dem Schlafengehen betete sie mit ihnen, wobei sie aber kein Ende fand. Die Jungen und Mädchen konnten kaum mehr die Augen offen halten und plapperten gähnend und schon halb in ihren Träumen versunken das nach, was die Großmutter ihnen vorbetete. Der christliche Eifer der Kinder hielt sich jedoch trotz größter Bemühungen in Grenzen.

Vielen Enkelkindern sind Großmütter oft als sehr gottesfürchtig in Erinnerung. Eine 1920 geborene Magd aus der Steiermark erzählte von ihrer eigenen, dass sie trotz der vielen Arbeit beim Bauern jeden Sonntag in die Kirche ging, in der Adventszeit sogar täglich. Als sie einmal während einer Messe eingenickt war, bekam sie Gewissensbisse. Sie ging zum Priester, um ihr Vergehen zu beichten. Er meinte nur: »Wenn Sie sich sonst nicht ausruhen, sollten Sie noch öfter die Messe besuchen!«

Die Großmütter waren es häufig, die ihre Enkel an den christlichen Glauben heranführten. Sie gingen mit ihnen in die Kirche, beteten und erzählten biblische Geschichten. Den Kindern wurde dabei vielfach ein strenges Gottesbild vermittelt, um sie Gehorsam zu lehren, neben Gottesfurcht und Fleiß ein wichtiges Erziehungsziel.

Die alten Frauen auf dem Land hatten einen besonders prägenden Einfluss auf diese junge Generation, weil sie Erziehungsaufgaben übernahmen, die die Eltern nicht übernehmen konnten, weil sie arbeiten mussten. Manche Großmütter versuchten das nachzuholen, was sie an ihren Kindern versäumt hatten, und sahen es als erfüllende Aufgabe an, für die Kleinen zu sorgen.

Oft waren die Enkel bei den Großmüttern, wie der Sohn einer Sennerin erzählte, die im 19. Jahrhundert lebte: »Zu allen Jahreszeiten, ausgenommen im Winter, war sie mit mir unterwegs, um von Wiesen

und Almen heilkräftige Kräuter zu holen. Bei schlechtem Wetter, wenn die Arbeit bei den Bauern nicht drängte, braute sie Tinkturen und mischte Salben, schmolz Wachs und Pech und mischte alles zu heilkräftigen Pflastern. Sei es, dass eine Kuh nicht kalben konnte, ein Pferd rotzig war oder ein schwieriges Kindbett anstand, Großmutter hatte immer ein Mittel.«

Lena Christ wurde als uneheliches Kind einer Köchin geboren. Weil die Mutter in die Stadt zog, nach München, wuchs sie bei ihren Großeltern auf. Für die spätere bayerische Schriftstellerin (1881 bis 1920) war es ihre glücklichste Zeit. In ihrer Biografie *Erinnerungen einer Überflüssigen* schreibt sie von einem liebevollen Verhältnis zu ihrem Großvater und zu ihrer Großmutter, schildert sie kleine Begebenheiten, die sie auf dem Land erlebte und später nie vergaß. Einmal entdeckte Lena auf ihrem Nachhauseweg im Obstgarten des Pfarrers einen schönen, großen Apfel, den sie ihrer Großmutter mit nach Hause brachte. »»Großmuatterl, da schaug her‹, rief ich, ›ich hab dir was mitbracht; an schön'n Apfel vom Herrn Pfarrer!‹ Da hatte die Großmutter eine rechte Freude; denn sie meinte, der Pfarrer habe ihn mir geschenkt. ›Bist halt mei bravs Lenei; vergunst deiner Großmuatta aa ebbas.‹« Der Apfel schmeckte der Großmutter ausgezeichnet. Doch die Freude an dem Geschenk hielt nicht lange an, denn kurze Zeit später erschien der Pfarrer, um sich über den Apfeldiebstahl zu beschweren. Lena befürchtete eine Strafe. »Ich hätte aber nicht so viel Angst zu haben brauchen; denn der Großvater hat mich verstanden. Und als die Großmutter anfangen wollte zu schimpfen, fiel er ihr ins Wort: »Stad (Still) bist ma! Nix sagts ma übers Kind; hat's dir 'n vielleicht net bracht? I sags allweil, 's Lenei hat a guats Herz!«

Die Großmutter war es auch, die ihr im Winter Geschichten vorlas, da der Opa nicht lesen konnte. Er war nicht zur Schule gegangen, auch Lenas Oma nicht, aber diese hatte Lesen und Schreiben neben der harten Arbeit aus eigenem innerem Antrieb gelernt. Die Großeltern hielten somit überhaupt nichts von der Schule. Wenn Lena mittags aus dieser nach Hause kam, wartete die Großmutter schon mit dem Essen auf sie und meinte, ihr Enkelkind trösten zu müssen, weil es in die verflixte Schule zu gehen habe, die doch der Teufel holen solle. So etwas bräuchte doch kein Mensch. Der Großvater und sie seien schließlich auch ohne Schule groß geworden.

So innig das Verhältnis zwischen Großeltern und Enkelkindern oft war, so schwierig gestaltete sich vielfach die Beziehung zu ihren Kindern und Schwiegertöchtern oder -söhnen. Übergaben die Bauern den Hof an den Nachfolger, zogen sie meistens in das Altenteil, auch Austrag oder Ausgedinge genannt. Meist war dies ein kleines Wohnhaus neben dem Bauernhof, manchmal aber auch nur ein Zimmer in diesem. Doch das Zusammenleben der verschiedenen Generationen führte nicht selten zu Konflikten. Zwar hatte der Hoferbe die Verpflichtung, für seine Eltern zu sorgen, doch nicht immer geschah das mit der erwarteten Liebe. Aber auch umgekehrt konnte es große Probleme geben, dann, wenn der Vater nicht respektierte, dass der Jungbauer anders wirtschaftete als er einst selbst oder indem er die Übergabe des Gehöfts bis ins hohe Alter hinauszögerte. Und eine alte Bäuerin hatte nicht minder ihren eigenen sturen

Großmütter waren für ihre Enkel oft sehr wichtig. Lena Christ (linke Seite) hatte ein inniges Verhältnis zu ihren Großeltern. Oben: Christian Krohg (1852–1925), »Brot schneidende Frau«, 1879.

Kopf. Sie war häufig nicht bereit, ihre Macht an die junge Schwiegertochter abzutreten.

Anna Wimschneiders Schwiegermutter befürchtete schon bei der Hochzeit das Schlimmste, wie sich die niederbayerische Bäuerin in ihrem Buch *Herbstmilch* erinnerte: »Als wir von der Trauung zurückkamen und ich das Haus betrat, stand die Schwiegermutter im Fletz (Hausflur) und sagte, auweh, das wird schon nichts Gescheites, die ist schon mit dem linken Fuß zuerst herein. Ich habe das nicht gewusst, sonst hätte ich es anders gemacht.« Und als Anna ihr erstes Kind erwartete, zeigte die alte Bäuerin ihre ganze Boshaftigkeit: »Nun war ich schwanger. Als meine Schwiegermutter das merkte, beschimpfte sie mich aufs Ärgste. Du allein hast schuld, nur du wolltest das Kind, der Albert wollte gewiss keins … Du solltest verrecken müssen bei der Entbindung, denn du hast mir meinen Buben genommen. Aber ich habe mich auf das Kindlein gefreut, wir haben es uns ja gemeinsam gewünscht. Drum sagte ich zu ihr, Mutter, ich habe es ja nicht allein gemacht. Da konnte sie nichts mehr sagen.«

Bei der Hofübergabe an die nächste Generation wurden alle Verpflichtungen in einem Vertrag aufgeschrieben. Dieser beinhaltete, wie das junge Bauernpaar die alten Eltern zu versorgen hatte. Es

wurde darin die genaue Jahresmenge an Eiern, Milch, Fleisch und Getreide festgehalten, aber auch, wie es um das Wohnen, die Kleidung sowie die Krankenpflege bestellt sein sollte.

Die Witwe Katharina Schauer aus dem Berchtesgadener Land besaß nur eine kleine Landwirtschaft. Als ihr Sohn 1903 heiratete, ließ sie sich in einem »Leibgedingsvertrag« ihre gesamte Versorgung im Alter sichern. Sie wollte in dem Stübchen zu ebener Erde wohnen. Ihr Sohn musste sich darum kümmern, dass es wohnbar und gut heizbar war, auch hatte er klein gehacktes Holz zu liefern. Zudem ließ sie sich einen »freien Aufenthalt in der Wohnstube« zusichern. Der Sohn war weiterhin verpflichtet, seiner Mutter sämtliche Sachen zum Anziehen einschließlich der Wäsche und des Schuhwerks zu reinigen, auszubessern und »in ordentlichem Stande« zu erhalten und ihr, wenn nötig, auch neue Kleidung zu kaufen, »jedenfalls aber ihr auf Verlangen ein Paar neue Schuhe« anzuschaffen. Da es damals noch keine Krankenversicherung gab, war im Übergabevertrag auch verzeichnet, was im Fall der Pflege zu leisten war. Für ihre Bestattung legte Katharina Schauer ein »standesgemäßes« Begräbnis fest, für das ihr Sohn 100 Mark ausgeben sollte. Solche detailgenauen Angaben sollten ein gutes Leben im Alter sichern. Dennoch kam es immer

wieder zu Gerichtsprozessen, weil die Bestimmungen nicht eingehalten wurden.

Der Generationenwechsel konnte aber auch friedlich verlaufen. Oskar Maria Graf beschreibt den Lebensabend seiner Großmutter, die nur »die alte Stellmacherin« genannt wurde, weil ihr verstorbener Mann ein Handwerker war, der Wagenräder und landwirtschaftliche Geräte anfertigte. »Gelassen und still in sich gekehrt lebte nunmehr auch die alte Stellmacherin im Hause. Sie stopfte Strümpfe oder saß in schönen Tagen … auf der Sonnenbank vor der Türe. Sie hatte sich an die Resl (ihre Schwiegertochter) gewöhnt und kam gut mit ihr aus. Es war ihr unbegreiflich, wie Maxl mit seinem durchaus friedfertigen Weib mitunter so heftig herumstreiten konnte, aber sie schwieg dazu. Sie mischt sich nie in diese Dinge … Sie war müde und dämmerte dem Absterben entgegen. Sie hatte ihre Arbeit getan, ihre Kinder groß gezogen und sah, dass es alle gut getroffen hatten. Auch ihr aufbrausender Sohn hatte eine geduldige Ehefrau bekommen. Nun konnte sie ihr Leben loslassen.«

Während die Stellmacherin von ihrem Sohn und ihrer Schwiegertochter gut betreut wurde und ihren Lebensabend ruhig erlebte, war die Altersversorgung für Mägde sehr viel unsicherer. Einige wurden von ihrem Dienstherrn versorgt, andere wurden von einem Hof zum anderen gereicht oder mussten ins Armenhaus, wo ihnen die Bauern der Umgebung immer wieder etwas vorbeibrachten, ein wenig Getreide, auch einige Eier, selten Wurst oder Fleisch. Nach der Ernte ließ man sie zum Ährenlesen aufs Feld. Und wenn eine Muttersau zu viel Nachwuchs hatte, bekamen sie hin und wieder ein Ferkel, das sie dann mit der Flasche aufzogen.

Die Liebe zum Bäuerlichen blieb vielen Frauen ein Leben lang. Oskar Maria Grafs Mutter Resl war als Bauerntochter geboren, und auch als sie den Bäcker Maxl heiratete, hing ihr Herz mehr an der kleinen Landwirtschaft als am Geschäft. Im hohen Alter schaffte sie sich noch Hühner an und erklärte ihrem Sohn Oskar: »Weißt du, wenn ich da in der Früh aufsteh und es gackert schon so, das bin ich gewohnt … da mein ich, ich hab noch den Stall voll Vieh …« Ihre eigenen Hühner hegte und pflegte sie, aber wenn sich eine Nachbarshenne in ihren Garten verirrte, zögerte sie nicht, diese auf ihren Speiseplan zu setzen. Sie schlich in den Garten, lockte das arglos scharrende Huhn an, um es blitzschnell zu schnappen und ihm mit einem geübten Griff den Hals umzudrehen. Zufrieden rupfte sie das Huhn und machte es zum Braten zurecht. Sie war wieder Bäuerin.

KAPITEL II

Zwischen
Pflicht und Berufung

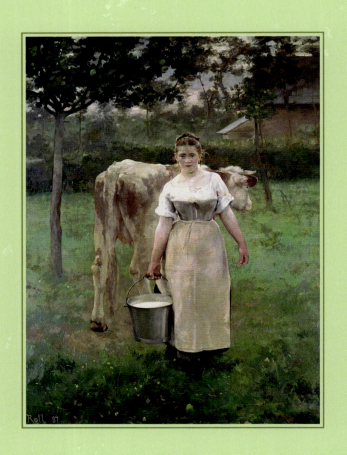

Als Bäuerinnen konnten sich in einem Dorf nur die wenigsten Frauen bezeichnen. Neben ihnen verdingten sich die Mägde, Tagelöhnerinnen oder – im Alpenraum – noch die Sennerinnen. Aber wie ihre Dienstherrinnen kümmerten sie sich um die Tiere im Stall oder halfen auf den Feldern bei der Ernte. Viele von ihnen hatten ihren Stolz, wollten eigenständig sein, ihr Geld verdienen, um später ein Stück Land zu besitzen. Diesen Traum verwirklichten sie oft mit einem Knecht, den sie aber erst heirateten, wenn es ihrer Meinung nach an der Zeit war. Manchmal war der Freiheitsdrang aber so groß, dass es für sie nicht infrage kam, sich einem Mann unterzuordnen. Sahen sie auf ihr Leben zurück, würden sie einiges anders machen, sich die schwere Arbeit etwas leichter gestalten, aber kaum eine hätte ihr Dasein gegen das einer anderen Frau eingetauscht, schon gar nicht mit einer aus der Stadt.

Unter den vielen verschiedenen Menschen, die auf dem Dorf lebten, befand sich auch die Pfarrersfrau oder – in katholischen Regionen – die Pfarrköchin. Zu ihrem Haushalt gehörte meist eine Kuh, auch einige Hühner, die im Garten scharrten, und eine Obstwiese, um den Geistlichen für den Winter mit Eingemachtem zu versorgen. Gab es in dem Ort eine Dorfschule, unterrichteten dort Lehrerinnen, die man »Fräulein« nannte, weil sie aufgrund der Zölibats-klausel für Beamtinnen ledig bleiben mussten. Neben dem Unterricht leiteten sie den Kinder- oder Kirchenchor, gaben Klavier- oder Geigen-unterricht und engagierten sich bei Festen.

Einige Frauen zog es aber auch über das Dorf hinaus. Hebammen und Näherinnen waren im ganzen Umland im Einsatz. Ganz gleich, ob es mitten in der Nacht war, es stürmte oder schneite, Geburtshelferinnen machten sich von ihrem Zuhause auf den Weg, oft dauerte es Stunden, bis sie bei der Gebärenden ankamen. Näherinnen wohnten dagegen immer mit den Leuten unter einem Dach, für die sie gerade neue Kleider schneiderten, die alten flickten oder Wäsche für die Aussteuer anfertigten. Bei den Kindern waren sie stets sehr beliebt, denn sie konnten, da sie viel herumkamen, die spannendsten Geschichten erzählen.

Mit dem Ausbruch der beiden Weltkriege übernahmen die Frauen die Verantwortung für die Höfe und das dörfliche Leben, manche von ihnen entwickelten Talente, von denen sie zuvor keine Ahnung gehabt hatten. Während der Zeit des Nationalsozialismus zeigten einige von ihnen besonderen Mut, als sie verfolgten Juden auf abgelegenen Höfen oder im Pfarrhaus Zuflucht gewährten, Kinder von Deportierten und Verschleppten aufnahmen, die ohne Lebensmittelmarken keine Überlebenschance gehabt hätten.

Die Magd

Zierlich, aber tüchtiger als jeder Knecht

Dora war sechzehn Jahre alt und ziemlich klein, gerade einen Meter vierzig groß. Der Bauer sah sie skeptisch an. Ob die sich als Magd eignete? Er brauchte eine, die tüchtig zupacken konnte. Als ob sie seine Gedanken erraten hätte, erklärte sie ihm selbstbewusst: »Ich hab daheim melken und misten müssen. Ich kann Holz hacken, dreschen und Mehl machen. Ich kann kochen, buttern, nähen, stopfen, einwecken. Ich hab sogar schon allein einer Kuh ihr Kalb geholt.« Ihr energisches Auftreten musste den Mann überzeugt haben. Und auch, dass sie von der Hebamme hergeschickt wurde, die er gebeten hatte, nach einer tüchtigen Magd Ausschau zu halten.

Dora Prinz kam 1919 zur Welt und wuchs im Allgäu in ärmlichen Verhältnissen auf. Als Älteste musste sie nicht nur in der Landwirtschaft und im Haushalt mitarbeiten, sondern auch ihre drei jüngeren Geschwister betreuen. Als die Hebamme Dora fragte, ob sie nicht zum Bauern in Ottmannshofen in den Dienst gehen wolle, flüsterte ihr die Mutter zu: »Du musst nicht fort, wenn du nicht willst.« Sie hätte ihre Tochter, die ihr eine große Hilfe war, gern noch zu Hause behalten. Aber Dora wusste, irgendwann würde sie gehen müssen, der Hof war zu klein, um alle zu ernähren.

Den anfangs doch noch etwas zweifelnden Bauern hatte Dora schnell überzeugt. Schon um vier Uhr früh, als der Tau noch auf den Blättern lag, stand sie auf, um mit ihm auf die Wiese zu gehen. Um Schritt mit ihm halten zu können, musste sie laufen, so klein, wie sie war. Dora nahm die Sense an beiden Griffen in die Hand, holte aus und schnitt mit geübten Bewegungen das Gras, das leicht wie Daunen auf den Boden fiel. Schweigend mähten der Bauer und die

kleine Magd Seite an Seite bis neun Uhr. Danach begaben sie sich zum Frühstück zurück auf den Hof.

Dora war tüchtig und machte alles, was man ihr auftrug, auch die schweren Arbeiten. In ihren Erinnerungen *Ein Tagwerk Leben* erzählt sie: »Mistaufladen war eine Arbeit für Mannsbilder, doch ich griff nach einer Mistgabel und stach in den dampfenden Haufen und wuchtete eine Ladung nach der anderen auf den Wagen. Das Stroh war nass und schwer. Es stank. Doch man gewöhnte sich an den Geruch.« Der Bauer sah erstaunt zu, wie diese kleine, junge Magd beherzt zupackte. Draußen auf dem Feld lud sie den Mist wieder ab und verteilte ihn. Am Abend hatten sie zusammen vierzehn Fuhren gefahren. Dora war müde, ihr Rücken schmerzte, aber sie ließ sich nichts anmerken.

Sie schuftete wie ein Knecht. Der Bauer schätzte seine neue Kraft sehr und arbeitete gern mit ihr. Und es ging ihr auch richtig gut bei dieser Bauernfamilie – wenn nur nicht die Obermagd gewesen wäre! Sie war eifersüchtig auf Dora und machte ihr das Leben schwer.

Jedes Jahr, wenn sich Mariä Lichtmess – das war der 2. Februar und der Tag, an dem gewöhnlich der Dienstbotenwechsel stattfand – näherte, fragte der Bauer, ob Dora noch um ein Jahr verlängern wolle. Sie bejahte. Einmal verlangte sie als Bedingung: »Nur wenn die Obermagd geht.« Der Bauer willigte ohne ein Zögern ein. Auf Doras Fleiß und Können wollte er nicht verzichten, und so musste die Obermagd den Hof verlassen.

Später trat sie dennoch in die Dienste eines weiteren Bauern, bei dem es ihr aber nicht gut erging. Der Mann war einst Hühnerhändler gewesen und hatte in den Hof eingeheiratet. Da ihm offensichtlich das landwirtschaftliche Können fehlte, wurde er als Bauer nicht respektiert. Es war seine Frau, die den Hof führte. Sie und ihre Mutter warfen ihm immer

Immer fleißig. Linke Seite: Eine junge Frau mäht mit einer Sense eine Wiese aus Schilf. Oben: Harte Arbeit: Zwei Frauen ziehen einen von einem Bauern geführten Holzpflug. Weiter hinten eine Bäuerin mit Säbeutel.

Mägde waren von ihrer Herrschaft völlig abhängig. Wer das Dienstjahr vorzeitig beendete, galt als unzuverlässig und fand nur schwer
wieder eine neue Stelle.

wieder vor: »Du hast ja keine Ahnung, du Gockel-
händler!« Um sich ihnen gegenüber zu behaupten,
demonstrierte er seine Macht. Er gab unsinnige Anweisungen, die auch Dora für reine Schikane hielt.
Als einmal die Kühe im Stall laut muhten, gab er den
Befehl, sie zu melken. Die Frauen erklärten, dass da
keine Milch kommen würde, denn die Kühe wurden
bereits am Morgen gemolken. Er schrie: »Herr-
schaftszeiten, wer ist hier der Bauer?!« Dann packte
er Dora am Arm und verlangte, dass sie den Tierarzt
holen solle. Dora wusste nicht, wie sie auf diese für
sie unsinnige Anweisung reagieren sollte. Und auch
die Bäuerin konnte es nicht fassen und rief laut: »Was
in Gottes Namen soll der Tierarzt hier?« Dora wollte jetzt nur noch weg und fragte, ob sie mit dem
Fuhrwerk den Tierarzt bringen solle, worauf der
Bauer sie anfuhr und meinte, dass er sie nicht mit
seinen Pferden fahren lassen würde. Da platzte ihr
der Kragen: »Ich mach alle Arbeit, ich schaff wie ein
Knecht, aber ich darf nicht einmal mit den Gäulen
fahren – als wär ich zu deppert dafür.« Als er wut-
schnaubend meinte, Fuhrwerke zu lenken sei nichts
für »Weiber«, sagte sie ihm ins Gesicht: »Aber dreschen, das ist Weiberarbeit? Und misten, eggen, Heu
laden, das ist alles Weiberarbeit, und dafür bin ich

nicht zu deppert, ja?« Dora gab ihm deutlich zu verstehen, was sie von seiner Einstellung hielt.

Die Tätigkeiten, die Mägde verrichteten, waren
oft genauso schwer wie die der Knechte. Trotzdem
galt das, was Männer taten, als bedeutsamer. Oben
auf einem Pferdegespann zu sitzen erfuhr mehr Anerkennung, als die Kühe zu melken und die Milchei-
mer zu schleppen. Die Knechte bekamen auch einen
höheren Lohn als die Mägde, selbst wenn sie die
gleiche Arbeit verrichteten. Bis zum Ersten Weltkrieg wurde dieses Geld jährlich bezahlt. Um die
Monate bis zur nächsten Auszahlung zu überbrücken, erhielt das Gesinde zusätzlich bei Festen, etwa
bei der Kirchweih oder bei Hochzeiten, ein Trinkgeld, und am Nikolaustag gab es Geschenke. Für
Dienstmägde waren es eine Schürze, Schuhe oder
auch Bettwäsche für die Aussteuer. Nach dem Krieg
wurde der Lohn monatlich oder wöchentlich ausge-
teilt. Damit konnten sich die Mägde ihre bescheidenen Wünsche das ganze Jahr hindurch erfüllen. Die
österreichische Bergbäuerin Barbara Passrugger, die
ebenfalls als Magd arbeitete, erzählte: »Von meinem
ersten Lohn hab ich mir dann die *Mädchen-Zeitung*
gekauft, ein bißl Lux-Seife und – weil ich doch so
leidenschaftlich gern Butterbrot gegessen habe –
noch ab und zu eine Thea-Margarine.«

Während die Bauersfrau ihr Leben lang auf dem
Hof blieb, wechselte die Magd immer
wieder ihre Stelle. Dadurch hatte
sie oft mehr von der Welt gesehen
als ihre Dienstherrin. Wollte der
Bauer seine Magd halten, musste
er vor allem für gutes und ausrei-
chendes Essen sorgen, denn die
Mahlzeiten waren Teil des Lohns.
Musste sie feststellen, dass der
neue Dienstherr knauserig war,

Hof hatte die junge Frau schon gefragt, ob sie nicht langsam ans Heiraten denken wolle. Sie sei doch schon fünfundzwanzig. Aber Dora wollte nicht. Sie antwortete, eine anständige Arbeit sei ihr lieber als ein »Kerl«. Und wenn der Geislinger-Bauer meinte, ob sie denn kein »Gspusi« wollte, dachte sie bei sich: »Dann krieg ich vielleicht noch einen wie dich.«

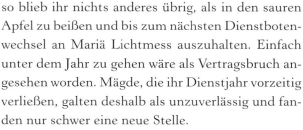

so blieb ihr nichts anderes übrig, als in den sauren Apfel zu beißen und bis zum nächsten Dienstbotenwechsel an Mariä Lichtmess auszuhalten. Einfach unter dem Jahr zu gehen wäre als Vertragsbruch angesehen worden. Mägde, die ihr Dienstjahr vorzeitig verließen, galten deshalb als unzuverlässig und fanden nur schwer eine neue Stelle.

An Lichtmess hatte das Gesinde frei, manchmal sogar mehrere Tage lang. Das wurde ausgiebig gefeiert. Die Mägde verbrachten diese Tage oft bei ihrer Familie. Die Geschwister kamen dann zusammen, und alle hatten sich viel zu erzählen. Es wurde aufgetischt, gegessen, gesungen und getanzt. Und natürlich auch ordentlich getrunken. Nach diesem ausgelassenen Feiern ging wieder jeder zu seinem Bauern, um für ein weiteres Jahr den Dienst anzutreten.

Die jungen Frauen auf dem Land arbeiteten meistens nur so lange als Magd, bis sie einen Mann kennenlernten, mit dem sie ein eigenes Stück Land bewirtschaften konnten und Kinder haben wollten. Dora blieb jedoch ledig und arbeitete bis in die Fünfzigerjahre als Magd. Die Bäuerin vom Geislinger-

Mägde mussten oft schon in sehr jungen Jahren in den Dienst. So auch Hedwig Duscher, die 1937, mit dreizehn Jahren, zu einem Bauern nach Oberösterreich kam. Sie wurde von Anfang an in die schweren Tätigkeiten eingewiesen. »Ich war sehr stolz darauf, dass ich schon melken lernen durfte. Ich hatte mir das leichter vorgestellt. Die Hände taten mir weh, ich hatte Krämpfe in den Fingern und geschwollene Handgelenke. Ich konnte kaum schlafen und hatte Angst vor der nächsten Stallarbeit. Aber es musste sein, das wusste ich, und jammern konnten wir zu Hause nicht und schon gar nicht als Dienstboten. Drei Wochen hatte ich gelernt, bis ich das Melken konnte.« Auch das Brotbacken wurde ihr gezeigt. Und das Mähen. Das war nicht so einfach. Sie schnitt sich beim Wetzen der Sense gleich in den Finger. »Der Bauer sagte: ›Das war bei mir genauso. Das heilt wieder.‹ Freilich ist der Schnitt wieder verheilt, aber das Arbeiten war die nächsten Tage furchtbar, besonders das Melken. Die Bäuerin war gut und half mir dabei.«

Die 1915 geborene Magd Paula Sperl aus dem Salzburger Land schrieb: »Wir arbeiteten viel, aber ohne Hetze – Stress kannten wir nicht. Bei jeder Arbeit waren genug Leute. Die Bauersleute hatten mehr Sorgen, und sie arbeiteten immer mit. Wir fühlten uns nie geknechtet. Wir lebten sorglos, wir verdienten Geld, hatten kräftige Kost, die nicht überall so gut war wie bei uns.« Im Sommer, so berichtete Paula weiter, habe es immer sehr viel zu tun gegeben. Da sei es auch beim Kammerfensterln ruhig geworden. Offensichtlich waren die Burschen während der Heuernte für solche Aktionen viel zu erschöpft.

Dora Prinz hingegen arbeitete noch einige Jahre bei einem weiteren Bauern, der ihre Tüchtigkeit und ihr Können so sehr schätzte, dass er ihr vorschlug: »Dora, ich glaub, von nun an machst du den Bauern und ich den Knecht.« Sie antwortete ihm: »Was glaubst eigentlich, wann du dann morgens aufstehen musst?«

Nach den vielen Jahren als Magd, mit einem Monatsverdienst von 25 Mark und nur einigen freien Stunden am Sonntag, reichte es ihr schließlich aber doch. Sie liebte die Tätigkeit in der Natur und mit den Tieren, aber sie wollte nicht mehr die anstrengenden Aufgaben verrichten, sie wollte auch an manchen Wochenenden freihaben und vor allem endlich einmal in Urlaub gehen. Wieder trat sie aus diesem Grund eine neue Stelle an, zunächst 1971 in einer Baumschule, danach in einer Fabrik. Dort musste sie zwar immer noch zehn Stunden am Tag auf den Bei-

nen sein, aber sie hatte Urlaub und sonntags frei. Dora genoss die Betriebsausflüge, freute sich an ihren netten Kollegen und wusste eines sehr zu schätzen: »Und wann immer es draußen regnete, stürmte oder schneite, stand ich in einer warmen Halle und verrichtete meine Arbeit im Trockenen.«

Ob hoch zu Ross auf einem Rechen, beim Säen oder auch bei der Ernte im Weinberg, Zeit für eine Pause und ein Schwätzchen mit den Mithelfern, -helferinnen, das musste sein.

Frei und dem Himmel nah

Man kann es eigentlich nicht beschreiben, warum man so gern auf die Alm geht. Auf der Alm hat man halt so eine Freiheit, man kann sich die Arbeit selber einteilen, das ist eben schöner, als wenn einem jemand (Arbeit) anschafft. Und wenn in der Früh die Sonne aufgeht, das war einfach so schön ...« Die 1928 geborene Anni Reiter verbrachte ihr halbes Leben, fünfunddreißig Sommer lang, in den bayerischen Bergen. Immer wieder hatte sie sich überlegt, mit der anstrengenden Sennerei aufzuhören. Aber die Alm war doch stets stärker gewesen. Sie liebte die Bergwelt, den Umgang mit den Tieren und die Freiheit.

Das Wort »Freiheit« fällt häufig, wenn Sennerinnen über ihr Leben auf der Alm berichten. Man

konnte dabei die eigene Zeit einteilen, und der Dienstherr – das war der Bauer, dessen Kühe man in den luftigen Höhen zu versorgen hatte – war weit weg. Da die soziale Kontrolle im Dorf häufig sehr stark war, wurde das unbeobachtete Leben in der Bergwelt besonders geschätzt. Den Obrigkeiten war das natürlich ein Dorn im Auge. So war es auch kein Wunder, dass die Kirche die Almen als einen besonders gefährlichen Sündenpfuhl ansahen. Im 18. Jahrhundert verhängte sie sogar ein Sennerinnenverbot. Der Erzbischof von Salzburg ordnete sowohl 1734 als auch 1756 an, dass auf den Almen keine jungen Frauen beschäftigt sein durften. Der Grund dafür beschrieb der österreichische Schriftsteller und Naturwissenschaftler Adolf Pichler in seinem *Tiroler*

Wanderbuch: »Denn Bursche und Jäger kamen nachts zu Besuch, und da sollen beim Schnaps Orgien gefeiert worden sein, vor denen selbst der altheidnische Amor die Augen zugehalten hätte.«

Die Verbote wurden schließlich etwas gelockert, als Arbeitskräfte fehlten. Allerdings benötigten die Sennerinnen eine schriftliche Bescheinigung der Kirche, um auf die Alm gehen zu dürfen. Dazu musste der Dienstherr vor dem Viehauftrieb die Sennerin dem zuständigen Geistlichen vorstellen. Dieser fällte ein Urteil und stellte in der Folge ein Leumundzeugnis oder einen sogenannten Sittenschein aus, der bestätigte, dass die Sennerin einen moralisch einwandfreien Lebenswandel führte – oder eben nicht. Hatte man eine offizielle Erlaubnis bekommen, konnte es auf die Alm gehen. Die Landbevölkerung entwickelte jedoch ihre eigenen Strategien, dieses Auswahlverfahren zu umgehen. Ein Zeitgenosse schrieb: »Eine dunkelbraune, runzliche, abgewelkte Fee erhielt manchmal den Schein, und ein hurtiges, rosenrothes Mädchen zog auf die Alpe.«

Zweifellos standen die Hüterinnen oben in den Bergen weniger unter Beobachtung, und da war es auch nicht weiter erstaunlich, dass zweihundert Jahre nach dem Sennerinnenverbot den jungen Frauen weiterhin ein ausschweifendes Leben angedichtet wurde. Barbara Passrugger, die in den Dreißigerjah-

ren auf einer Alm im Salzburger Land arbeitete, erzählte, dass ihr nachgesagt wurde, sie habe dort jede Nacht Männerbesuch bekommen. Diese Verleumdung hätte sie sehr verletzt. Gefeiert habe sie aber gern, an manchen Abenden habe man sich immer auf einer anderen Alm getroffen.

Barbara war achtzehn Jahre alt, als sie zum ersten Mal als Sennerin in die Berge geschickt wurde, auf ihr lastete eine große Verantwortung: »Ich erinnere mich noch heute genau, wie viele Tiere, eigene und Annehmvieh von anderen Bauern, ich damals zu versorgen hatte. Es waren 52. Die Milch der Kühe musste ich zu Butter und Käse verarbeiten. Ich war ganz allein da oben. Ganz nahe der Hütte stand zur damaligen Zeit ein dichter Hochwald. Zwei Nachbarshütten gab es, zirka fünfzehn Minuten entfernt. Um zwei Uhr früh musste ich zum Almboden hinauf – eineinhalb Stunden Wegzeit –, um die Kühe zum Melken zu holen. Das einzuhalten, wurde mir ganz streng aufgetragen. Darum getraute ich mich gar nicht mehr, richtig zu schlafen. Immer wieder schaute ich auf eine alte Männeruhr. Wusste gar nicht, wie ich das anstellen soll, weil ich Zündhölzer auch nicht so viele verbrauchen durfte. Nach einigen Wochen besuchte mich mein Bruder Stefan. Dem klagte ich meine Sorgen ums Aufstehen. Zu meiner Freude brachte mir Stefan ganz bald einen Wecker. Den konnte ich stellen, und ich brauchte mich nicht mehr so sehr sorgen.«

Die Arbeit war anstrengend, auch wenn sie später noch einen Hütejungen als Hilfskraft hatte. Zweimal am Tag musste gemolken werden. Das war nicht nur zeitaufwändig, sondern kostete viel Kraft. Au-

ßerdem musste neben der Milchverarbeitung das Essen zubereitet werden, der Stall geputzt und im Hochsommer Heu gemacht werden. Im Herbst hatte man die Kränze für die Kühe zu binden, die man ihnen beim Almabtrieb umhängte. Manchmal waren es bis zu siebzig Kühe – und jede erhielt einen Blumenschmuck.

Anni Reiter erging es nicht viel anders. Mit vierundzwanzig Jahren trat sie ihre erste Stelle als Sennerin an. Die Hütte der bayerischen Voggalm, in der sie nun im Sommer wohnen sollte, war sehr armselig, und nicht mal die Zäune, die die Alm umgaben, waren in Ordnung. Die Jungrinder wanderten deshalb durch die Lücken auf die benachbarte Wiese und fraßen sich dort satt, auch zwischen jungen Anpflanzungen. Als Anni eines Tages Forstarbeiterinnen dort in der Sonne liegen sah, die eigentlich zwischen den neu gesetzten Bäumen das Gras aussicheln sollten, sagte sie: »Gell, des habt's meine Viecher zu verdankn, dass ihr jetzt koa Arbeit hobt's.«

Trotz des maroden Zustands der Hütte wurde es für sie ein schöner Sommer. Die Sonne schien

häufig, und das Vieh gedieh prächtig, was vielleicht daran lag, dass sich die Rinder bei ihren Ausflügen auf das Nachbargrundstück nur das zarteste Gras und die besten Kräuter aussuchten.

Die folgenden Sommer verbrachte sie auf der Schmidalm, die nur fünf Minuten von der Voggalm entfernt lag. Sie wurde von dem Besitzer angefragt, weil seine Sennerin diese Arbeit aus Altersgründen nicht mehr machen wollte. Die Schmidalm gefiel ihr sehr gut. Was auch damit zu tun hatte, dass man die Kühe hier früher als anderswo hochtrieb, schon Mitte April. Anni war dann bereits oben in den Bergen, als die ersten Blumen zu blühen anfingen. »Dort war eine kleine Anhöhe mit Steinen auf der Weide. Es hat geblüht – eine solch schöne Almflora habe ich nirgendwo sonst erlebt. Kein Gärtner hätte das schöner machen können«, schwärmte sie. So erlebte sie den Frühling ein zweites Mal, nachdem sie sich schon unten im Tal über die erblühende Natur nach den langen Wintermonaten gefreut hatte.

Zur Arbeit von Anni gehörten nicht nur die Versorgung des Viehs, Mähen, Heuen oder Buttern, sondern auch die Bewirtung der Wanderer, die vorbeikamen. Diese wollten nicht nur trinken und essen, sondern auch unterhalten werden. Vor allem schwärmten die Wanderer, wie herrlich es hier oben sei und wie schön sie es als Sennerin doch habe. Daraufhin antwortete sie trocken: »Dann fahren Sie einmal den Schubkarren voll Gras zum Stall hinauf, dann reden wir weiter.« Für die Touristen bedeutete die Alm eine heile Welt, keine Autos, kein Stress, unberührte Natur, traumhafte Aussicht, eine heimelige Hütte und mittendrin die Sennerin, die diese Bergwelt den ganzen Sommer über bei strahlendem Sonnenschein und frischer Milch genießen konnte. Dass sie hier oben harte Arbeit verrichtete und dass es in den Bergen auch mal tagelang regnete, das

sahen die Ausflügler nicht. Anni wäre sonntags auch gern auf die umliegenden Berge gestiegen, aber meistens war sie so müde, dass sie sich einfach nur ausruhen wollte.

Als 1967 eine Stelle auf der nahe gelegenen Sameralm frei wurde, die damals der Justizvollzugsanstalt Bernau gehörte und wegen der guten Bezahlung sehr begehrt war, wechselte sie und verbrachte die nächsten sechsundzwanzig Sommer auf dieser. Immer wieder arbeiteten hier Häftlinge unter Bewachung: »So waren fast den ganzen Sommer über die Gefangenen auf der Alm, und waren es gern.« Im Frühjahr reparierten sie die Zäune, danach bereiteten sie das Holz für den Winter, mähten das Gras und brachten das Heu ein. Als sie einmal alle zusammen – die Gefangenen, der Aufseher und Anni – beim Heuen am Forsthaus waren, sagte ein Wanderer: »Ja, gibt's denn des heut no, dass a Bauer so viele Knechte hat?« Da meinte ein Gefangener: »Nein, nein, mir san keine Knecht, mir san Senner von de Alma ringsum.« Da deutete der Mann auf den Aufseher und fragte: »Ja, aber warum hat dann der Mann a Waffe do hintn drin?« Der Gefangene antwortete: »Ja, weil die Tollwut hier so herrscht.«

Täglich hatte Anni mit den Tieren zu tun, sodass sich oft eine enge Beziehung zu ihnen entwickelte. Sie erzählte von einer besonders klugen Kuh namens Sternei. Diese sei sehr gern auf der Alm gewesen, und im Herbst wollte sie niemals ins Tal hinunter. Im Frühjahr sei sie jedes Mal voller Vorfreude in den Viehwagen gegangen, der sie in die Berge bringen sollte. Als Sternei aber keine Kälber mehr bekommen konnte, sollte sie geschlachtet werden, aber erst im Herbst. Die Kuh gehörte Annis Bruder, und der meinte, dass sie ja noch ihren letzten Sommer auf der Alm verbringen könne. Aber die Schwester wollte es nicht. Sie erklärte ihm, sie würde dann

den ganzen Sommer vor Augen haben, dass Sternei im Herbst zum Metzger müsse. Die Trennung würde ihr dadurch noch schwerer fallen. So wurde Sternei gleich im Frühjahr zum Schlachten gebracht. »Und als sie der Metzger holte«, so erzählte Anni, »ist sie in den Viehwagen nur so hineingesprungen, weil sie meinte, es ginge wieder auf die Alm.«

Kam der Winter, musste sie sich eine Arbeit im Tal suchen. Diesen ständigen Wechsel fand sie sehr anstrengend. Einige Jahre lang machte sie im Schloss in Brannenburg, einem Internat, sauber. »Aber dort war ich allein für die Zimmer eingeteilt, dort den Dreck wegzuputzen, war auch nicht schön.« Sie fühlte sich bei dieser Tätigkeit sehr einsam. Eine Freundin riet ihr, doch mit der Sennerei aufzuhören, dann könne sie sich eine bessere Tätigkeit suchen und müsse nicht immer diese Aushilfsarbeiten machen. Aber das konnte Anni auch nicht. Die Sehnsucht nach der Alm war stärker. »Herunten ist es ganz anderst, es ist kein Vergleich. Auf der Alm sind die Leute anderst, irgendwie freier kommen sie mir vor.« Dieses Anderssein versuchte sie zu beschreiben, meinte, die Beziehungen seien tiefer und der Zusammenhalt größer. Ihr erging es kaum anders als Sternei. Im Frühjahr freute sie sich, wenn sie wieder in die Berge durfte.

Die schweizerische Sennerin Anni Hobi bewirtschaftete seit den Fünfzigerjahren zusammen mit ihrem Mann einen Alpbetrieb im Sarganserland, im Kanton St. Gallen. Als ihre Kinder in die Schule gehen mussten, konnte sie jedoch nur am Wochen-

ende und in der Ferienzeit in die Berge. Leicht fiel ihr das nicht. Sie erinnert sich: »Für mich war es das Allerschönste, als Familie gemeinsam z'Alp zu sein.« Dort arbeiteten und lebten sie zusammen mit den Knechten. Der Lebensstil war sehr einfach – man wusch sich abends mit einem Kessel Wasser und ging mit der Kleidung ins Bett –, und die Arbeit war hart. Aber dafür wurde es abends besonders gemütlich. »Wir saßen zusammen und sangen. Manchmal zogen wir auch unseren Phonographen auf und tanzten zur Musik.« Einer der Höhepunkte auf der Alp war für Anni der Alpgottesdienst. »In diesem Moment fühlte ich mich dem Herrgott ganz besonders nahe.«

Die Arbeit in den Bergen übt auch heute noch eine große Anziehungskraft aus. Die Schweizerin Sabine Good-Rhyner, ebenfalls aus dem Sarganserland, erzählt, dass sie vom »Älplervirus« befallen sei. Als Bauerntochter hätte sie zuerst Ländliche Hauswirtschaft und anschließend Bäckerin gelernt. Es sei eine gute Zeit gewesen. »Und trotzdem: Mein Heimweh war groß. Mein Heimweh zum Bauernberuf, mein Heimweh zum Vieh. Im Sommer hielt ich es in der heißen Backstube fast nicht aus, träumte immer wieder von saftigen Alpweiden und Herdengeläute.«

Vor einigen Jahren entschloss sie sich, ihren Traum zu verwirklichen, und ging auf die Alp. Wenn sie die Kühe am frühen Morgen, wenn der Tau noch auf dem Gras liegt, von der Weide holt, um sie zum Melken in den Stall zu bringen, sei das ein unbeschreibliches Gefühl, weiß sie zu berichten. Was sie nach einem Sommer auf der Alm ins Tal mitnimmt, sind »Erinnerungen an strahlend schöne Tage mit prächtigen Sonnenaufgängen und farbigen Blumenwiesen, Erinnerungen aber auch an Unwetter, an garstige, wolkenverhangene ›Regen-ohne-Ende-Tage‹. Auch diese Tage haben aber etwas Schönes, etwas, das man im Tal nicht erleben kann. Wenn ich abends – manchmal hundemüde – in die warme Hütte kam und das prasselnde Feuer im kleinen Ofen hörte, war das auch ein Glücksmoment. Trug ich dann trockene und bequeme Kleider, war das ein echter Feierabend.«

Auch Anni Reiter blickt zufrieden auf ihr Leben als Sennerin zurück: »Ich war mit Leib und Seele auf der Alm. Ich habe die Arbeit gern gemacht. Ich war einfach zu gern auf der Alm. Und wenn du das einmal so lange machst, kannst du es nicht mehr lassen. Dann ist es einem einfach seine Heimat, da oben.«

Die Hebamme

Zupackende Geburtshelferin

D ie Hebamme war eine angesehene Frau in dem kleinen Dorf in Kärnten. Sie kannte sich aus mit Geburten. Und auch mit Krankheiten. Für jedes Leiden hatte sie in ihrem Medizinkasten die richtigen Kräuteressenzen: Kamillentropfen, Melissengeist, Baldrian, Wermuttropfen. Auch zu Sterbenden kam die Schindler-Muatter, wie sie genannt wurde. Für die Dorfbewohner war ihre Großmutter wie ein kleiner Herrgott, erzählte ihre Enkeltochter Maria Horner in ihren Erinnerungen *Aus dem Leben einer Hebamme*. Sie war in ihre Fußstapfen getreten und ebenfalls Hebamme geworden.

Die 1917 geborene Maria Horner praktizierte in der zweiten Hälfte des 20. Jahrhunderts, ihre Großmutter in der ersten Hälfte. Um 1910 hatte die Schindler-Muatter eine Hebammenschule in Klagenfurt absolviert, die damals nur sechs Monate dauerte. Sieben Jahre später nahm sie ihre unehelich geborene Enkelin zu sich. Schon früh wurde Maria mit der Geburtshilfe konfrontiert. Als sie noch klein war und die Schindler-Muatter das Mädchen nicht alleine lassen wollte, wenn sie nachts zu einer Geburt gerufen wurde, nahm sie sie einfach mit: »Dort wurde ich in ein Zimmer oder in eine Kammer zur Ruhe gelegt, und so hörte ich so manche Schmer-

zensschreie sowie den ersten Schrei der neuen Erdenbürger, und in meiner Kinderbrust war alles vorhanden: Angst, Mitleid und Freude. Aber ich glaubte, es kann ja nicht allzu schlimm sein, denn meine Großmutter ist ja auch da drinnen.«

Alles kam Maria sehr geheimnisvoll vor. Sie wusste nicht genau, was da vor sich ging. Aber sie beobachtete, dass ihre Großmutter zu Frauen mit dicken Bäuchen ging und diese kurze Zeit später ein Kind in den Armen hielten. Irgendwie mussten die Babys aus dem Bauch herausgekommen sein. Nicht immer aber war es die Hebamme, die zu den Gebärenden ging, manche erschienen für die Entbindungen im Haus der Schindler-Muatter. Es waren vor allem Dienstmägde, die von ihrem Bauern für

die Zeit der Geburt weggeschickt wurden. »Kommst halt zu mir, wir haben schon ein Platzerl«, sagte dann die Großmutter. Für ihre Arbeit erhielt sie selten Geld. Die meisten Leute im Dorf hatten nicht viel. Deshalb wurde in Naturalien gezahlt, mal gab es ein Schwein, mal eine Fuhre Heu.

So wie die Schindler-Muatter verfügten viele Geburtshelferinnen über ein großes Wissen. Ihr Können hatten sie sich durch eine jahrelange Praxis angeeignet, zumal die meisten Menschen in den Dörfern einst kaum lesen und schreiben konnten, Mädchen und Frauen schon gar nicht. Eine Ausnahme aber war die Pfarrerstochter Justina Siegemund (1636–1705), damals eine der bekanntesten Hebammen, die als erste Frau im deutschsprachigen Raum ein Lehrbuch verfasste, das 1690 unter dem Titel *Die Chur-Brandenburgische Hoff-Wehe-Mutter* veröffentlicht wurde – es zählte lange Zeit als Standardwerk.

Justina Siegemund kam durch eine eigene, sehr schmerzhafte »Geburtserfahrung« zu diesem Beruf. Drei Tage lang versuchten verschiedene Hebammen – am Ende waren es vier Geburtshelferinnen –, das Kind aus ihr herauszupressen, bis schließlich eine herangezogene Soldatenfrau feststellte, dass es gar kein Kind zu holen gab. Justina war überhaupt nicht schwanger. Das Unwissen der Hebammen veranlasste diese, alles über Geburtshilfe zu lesen, was sie

ausfindig machen konnte, bis sie selbst als eine solche tätig wurde. Sie erlangte einen so guten Ruf, dass sie schon bald immer häufiger zu komplizierten Geburten gerufen wurde. Sogar Adlige ließen Justina holen, und Friedrich I. von Preußen berief sie schließlich zur Hofhebamme. Eigene Kinder hatte die mit dem Rent-Schreiber Christian Siegemund verheiratete berühmte Hebamme nicht. Statt einem Baby, so schrieb Justina einmal, würde sie ihr Lehrbuch der Welt hinterlassen.

Die Schindler-Muatter hatte dieses theoretische Wissen nicht. Aber sie verfügte über viele Erfahrungen, und die Frauen liebten sie und vertrauten ihr. Und die Männer schätzten sie ebenso, wie Maria Horner erzählt: »Bei Tanzveranstaltungen und anderen Festen saß sie oft mit den Männern am Tisch, ich sehe das Bild noch heute vor mir, wie die Großmutter als einzige Frau zwischen den Männern saß und mit ihnen redete.« Wenn die alte Hebamme mit ihrer Enkeltochter unterwegs war, sagten die Leute zu Maria: »Wenn Großmutter nicht mehr ist, musst du es tun.« Das hätte sie gern gemacht, aber es fehlte das Geld, um die Hebammenschule zu besuchen.

Sie musste ihren Wunsch begraben, und stattdessen arbeitete sie in einem adligen Haushalt in Budapest. Doch großes Heimweh nach ihrer Großmutter führte dazu, dass sie nach nicht mal einem Jahr zu ihr zurückkehrte.

Und dann wurde Maria schwanger. Sie wollte es ihrer Großmutter erst nicht sagen, aber ihren Zustand konnte sie nicht lange geheim halten. Dem geschulten Blick der Schindler-

Muatter entging nichts. Sie war aber beruhigt, als sie hörte, dass der Vater ein Bauernsohn war, der als Knecht arbeitete und ihre Enkelin heiraten wollte. Das tat er auch, und Maria bekam noch ein zweites Kind, bevor sie ihren Traum, Hebamme zu werden, endlich verwirklichen konnte. Nach längerem Bitten und mit Verstärkung der Großmutter gelang es ihr, ihren Mann und ihre Mutter zu überzeugen, sie bei ihren Plänen zu unterstützen. Der Ehemann gab schließlich sein Einverständnis, und die Mutter wollte Marias Kinder betreuen. Sie war glücklich, als sie 1939 die Aufnahmeprüfung schaffte – und noch glücklicher, als sie später ihr Diplom in der Hand hielt. Mit ihr freute sich auch die Großmutter: »Sie war so stolz über die Nachricht, die ich ihr sofort zukommen ließ, dass sie mit dem Schreiben das ganze Dorf von Haus zu Haus abging, um es allen kundzutun.«

Maria trat eine Stelle als freie Hebamme in der Obersteiermark an. Dort konnte sie ihre ersten Erfahrungen machen. In ihrem Dorf wäre es schwierig gewesen, aus dem Schatten ihrer Großmutter zu treten. Einmal wollte ein junger Mann die schon über Siebzigjährige zu einer Geburt holen. Die Schindler-Muatter bat ihre zu Besuch weilende Enkeltochter, diese Geburt zu übernehmen, weil die Gebärende oben in den Bergen wohne und diese Tour für sie zu schwer sei. Maria willigte ein – und stapfte mit dem kleinen Hebammenkoffer ihrer Großmutter los.

Schon von Weitem stellte die Familie der werdenden Mutter mit Schrecken fest, dass die Frau, die den Berg hochkeuchte, nicht die Schindler-Muatter war. Wann die Großmutter denn käme?, war die erste Frage. Maria antwortete, dass sie gar nicht käme, sie sei von ihr geschickt worden. Die alte Bäuerin meinte daraufhin, dass es mit der Geburt sowieso noch nicht so weit sei. Zum Beweis holte sie ihre hochschwangere Tochter, die sich sehr bemühte, gelassen zu wirken. Doch Maria Horner ließ sich nicht täuschen. Die Frau hatte bereits Wehen, das war nicht zu übersehen. »Ich ließ mich nicht abweisen und wollte sie untersuchen. Bei der Untersuchung war die Geburt schon im Gange.« Kurze Zeit später war das Kind auf der Welt. »Jetzt war ein Staunen bei allen im Haus. Und der Ruf hing mir noch Jahre nach: ›Was die Studierte kann! Die braucht nur hinschauen und greifen und das Kind ist da!‹«

Junge Hebammen mussten ihr Können erst unter Beweis stellen. Alles Weitere erfolgte über Mundpropaganda. So erging es auch Rosalie Linner, einer Geburtshelferin aus Oberbayern, die während des Zweiten Weltkriegs ihren Beruf erlernte. In ihrem *Tagebuch einer Hebamme* erzählt sie von einem ihrer ersten Fälle. Erst in letzter Minute wurde sie zu einer Bäuerin gerufen, allerdings nicht von der Familie des Bauern, sondern vom Pfarrer. Den hatte man geholt, nachdem die »alte Wabn«, eine Kräuterfrau, mit ihrer Weisheit am Ende war und sagte, dass bei der Bäuerin nichts mehr zu machen sei und der Pfarrer kommen müsse. Dieser sah jedoch, als er herbeigeeilt war, dass er fehl am Platze war und drängte darauf, den Arzt oder die Hebamme zu benachrichtigen, am besten gleich beide. Der Arzt wurde jedoch bei einem anderen

Patienten gebraucht, sodass Rosalie auf sich gestellt war. Sie erkannte sofort, dass die junge Bäuerin einen heftigen Eklampsieanfall hatte, einen Krampfanfall, der bei Schwangeren auftreten konnte und lebensgefährlich war. Die Bäuerin war schon ohnmächtig, der ganze Körper zusammengezogen, und die Atmung setzte bereits aus. Derweil saß die alte Kräuterwabn in der Ecke und betete den Rosenkranz. Als die junge Hebamme den Zustand der Gebärenden einigermaßen stabilisiert hatte, war es möglich, die junge Bäuerin ins Krankenhaus zu transportieren. Dort konnte durch einen Kaiserschnitt das Leben von Mutter und Kind gerettet werden. Diese Rettung sprach sich sehr schnell herum, und die junge Hebamme gewann den Respekt der Landbewohner.

Geburtshelferinnen wurden von den werdenden Müttern oft sehr schnell ins Vertrauen gezogen. Sie erhielten einen Einblick in die Ehen wie sonst kaum jemand. Und die Frauen wiederum konnten sicher sein, dass sie in der Hebamme jemanden hatten, der sie bei allem unterstützte. Wenn Mütter und Schwiegermütter der Schwangeren etwa an veraltetem Wissen festhielten, schritt die Geburtshelferin energisch ein. Maria Horner erzählte von einer Schwiegermutter, die der jungen Wöchnerin nur eine leichte Suppe zu essen gab und sie kurz nach der Geburt wieder aufs Feld schickte. Das Neugeborene wurde entwöhnt und bekam Ziegenmilch. Sieben Kinder hatte

Kinder galten als Garantie für die eigene Versorgung im Alter. Begehrt waren aber vor allem die Stammhalter.

diese Frau geboren, nur zwei waren am Leben geblieben. Als Maria zur achten Geburt gerufen wurde, musste sie bestimmt durchgreifen, um die Schwiegermutter davon zu überzeugen, dass die Wöchnerin viel Ruhe bräuchte und mit nahrhaftem Essen versorgt werden müsse. Nur so habe die junge Mutter ausreichend Milch, um das Baby zu stillen. Als diese Worte nichts halfen, drohte sie mit dem Gesundheitsamt. Erst jetzt hielt sich die Schwiegermutter an Marias Anweisungen. Das Kind überlebte und gedieh prächtig.

Lange bevor werdende Väter den Kreißsaal eroberten, wurden sie von Maria Horner in das Geburtsgeschehen eingebunden. Manche Männer hätten sich gern verdrückt, aber dazu ließ sie ihnen kaum Gelegenheit. Sie gab ihnen gleich bei ihrer Ankunft eine Aufgabe, und wenn es nur darum ging, Kaffee zu kochen: »Dann war es schon soweit, und er kam gar nicht mehr weg, dann sagte ich schon: ›Kommen Sie her jetzt. Halten Sie den Kopf. Halten Sie dort an, damit sie sich stützen kann.‹ ... Ich hatte auch eine gewisse Taktik, um den Mann einzubinden, damit er gleich auch Liebe zum Kind findet. Nachdem das Kind gerade geboren war, wickelte ich es nur schnell in eine Windel, und dann legte ich es, noch ungewaschen, in die Arme des Vaters mit den Worten: ›Halten Sie das schnell so, ich habe jetzt keine Zeit.‹ Zuerst sträubte er sich vielleicht, aber dann war er meistens erfreut, dass er das Kind als Erster halten durfte, und hatte schon eine Beziehung zu ihm.« Wie erfolgreich diese Taktik war, zeigte sich an den glücklichen Vätern, die ihr hinterher sagten, die Geburt ihrer Kinder sei für sie ein ganz großes Erlebnis gewesen, das sie nicht missen wollten.

Landhebammen waren selbstbewusste Frauen, die ihren Beruf unabhängig und eigenständig ausüben konnten. Er erforderte aber großen Einsatz. Oft

hatten sie weite Wege zurückzulegen, weil die Höfe sehr abgelegen waren. In Alpengebieten mussten sie Berge hinaufsteigen, vielfach nachts, bei Sturm und Schnee. Nach dem Zweiten Weltkrieg waren sie die mobilsten Frauen in den ländlichen Regionen. Sie waren die Ersten, die ein Motorrad oder ein Auto besaßen. Weil sie gut erreichbar sein mussten, gehörten sie auch zu den Ersten, die ein Telefon hatten. Ihre Nachfrage sank jedoch, als in den Siebzigerjahren die Bäuerinnen ins Krankenhaus gingen, um dort zu entbinden, und die Geburtshelferinnen sich nach den Anordnungen der Ärzte richten mussten. Heute sind Hebammen wieder wichtige Vertraute, auf die aum eine Schwangere verzichten möchte.

Wundersame Heilerfolge: Diät statt Schweinebraten

Das Wartezimmer der Doktorbäuerin war wieder brechend voll. Feine Damen in prächtigen Gewändern mit Hüten und Spitzenhandschuhen sowie elegant gekleidete Herren saßen neben braun gebrannten Bäuerinnen in schlichten Leinenblusen und Landarbeitern in derben Hosen. Alle verharrten geduldig auf ihren harten Stühlen. Manchmal kam eine Unterhaltung in Gang, und die Wartenden erzählten sich ihre Leiden und warum sie sich auf den langen Weg ins Dachauer Hinterland gemacht hatten, um sich von der Doktorbäuerin behandeln zu lassen. Amalie Hohenester (1827–1878) war nämlich nicht nur eine regionale, sondern sogar eine internationale Berühmtheit. Jeden Tag holten Kutscher bis zu zweihundert Leute vom Bahnhof in Altomünster ab, um sie nach Mariabrunn zu bringen. Ihre Diagnosen stellte die Doktorbäuerin anhand des Urins, mit unglaublicher Sicherheit erkannte sie darin die ganze Krankheitsgeschichte eines Menschen.

Unter den Wartenden war auch ein Tierarzt. Er hatte, ebenso wie die anderen Patienten, ein Gefäß mit Urin dabei. Es war aber nicht seiner, sondern der eines Pferdes. Damit wollte er beweisen, dass Amalie Hohenester in Wirklichkeit eine Kurpfuscherin

war, was alle Ärzte der Umgebung schon von Anfang an gesagt hatten, als sie in der Gegend auftauchte. Endlich wurde er in den Behandlungsraum gerufen. Da saß sie, diese bekannte Wunderheilerin. Sie war eine stattliche Frau. Die schwarze Kleidung und der wertvolle Schmuck unterstrichen ihre imposante Erscheinung. Sie empfing ihn freundlich, fragte nicht lange nach, sondern verlangte gleich nach seinem Glas, das er doch bestimmt mitgebracht habe. Der Tierarzt überreichte ihr den Behälter. Sie hob die kleine Flasche gegen das Licht, schüttelte sie ein wenig – und sah sich den Inhalt noch einmal genau an. Dann öffnete sie den Deckel und roch daran. Schließlich sah sie den Mann an und sagte: »Du hast ja eine wahre Rossnatur. Dir fehlt nichts als recht Hafer und Heu.«

Wer war diese weithin namhafte Doktorbäuerin? War sie eine Heilerin mit einer ungewöhnlichen Begabung oder nur eine sehr raffinierte Betrügerin?

Darüber herrscht auch heute noch Uneinigkeit. Es wird vermutet, dass wohl beides zutrifft. Amalie Hohenester konnte bereits auf ein sehr bewegtes Leben zurückblicken, als sie in Deisenhofen bei München begann Krankheiten zu behandeln und erstaunliche Erfolge vorweisen konnte. Sie hatte große Pläne, und zusammen mit ihrem Mann, einem Pferdehändler, kaufte sie deshalb ein verfallenes bäuerliches Anwesen in Mariabrunn. Der Ort war wegen seiner Quelle bekannt, der eine gesundheitsfördernde Wirkung zugesprochen wurde.

Amalie renovierte den Hof und die Nebengebäude und richtete sich ein Behandlungszimmer ein. Es dauerte nicht lange, bis sich herumsprach, dass sie Menschen, die viele Jahre unter einer Krankheit gelitten hatten und denen Ärzte nicht helfen konnten, zu heilen vermochte. Von der ärmeren Bevölkerung nahm sie oft kein Geld, von den Reichen hingegen verlangte sie ein mehr als angemessenes Honorar, das ihr bereitwillig, oft verbunden mit teuren Geschenken, gegeben wurde. Ihren Verdienst erhöhte sie zudem, weil sie vielen von ihren Patienten eine Kur von zehn, zwölf Tagen verordnete. Dafür hatte sie auf ihrem Anwesen Zimmer mit Bädern hergerichtet, sogar eine Gaststätte eröffnet.

Ihr Ruhm war schließlich so groß, dass auch der europäische Hochadel nach Mariabrunn reiste. Großfürst Nikolajewitsch kurierte hier, Gräfin Stroganow, Baron Rothschild sowie die Königin von Hannover. Der Ort wurde durch die illustren Gäste zu einem Kurbad mit internationalem Ruf. Man hörte dort mehr Russisch und Französisch als Deutsch, so berichteten es Zeitgenossen.

Die Doktorbäuerin ließ die Leute meist stundenlang warten, zum einen, weil der Andrang so groß war, und zum anderen, weil sie während ihrer Sprechstunden Hausbesuche machte. Sie unterschied auch nicht zwischen Bäuerin und Großfürstin. Alle kamen der Reihe nach dran, und alle wurden geduzt, selbst die Adligen. Ihnen sagte sie vielfach gehörig die Meinung. Erst würden sie in Saus und Braus leben, und dann kämen sie zu ihr, um sich kurieren zu lassen.

Die Ärzte in Mariabrunn und Umgebung ließen sich den Patientenschwund in ihren Wartezimmern nicht gefallen und klagten Amelie Hohe-

nester als Pfuscherin an. Doch diese hatte zu große Sympathien bei der Bevölkerung, als dass sie ihr Tun gefährden konnten, und auch die Presse schlug sich auf ihre Seite. Die *Süddeutsche Zeitung* von 1862 schrieb über den darauffolgenden Gerichtsprozess: »Die ›Doktor-Bäuerin‹, eine ihrer äußeren Erscheinung und ihrem Auftreten nach sehr verständige Frau von ungefähr 30 Jahren, gab offen zu, dass sie schon eine Reihe von Jahren ihre Praxis ausgeübt habe, ihre Kunst beruhe auf ägyptischen Geheimnissen, verbessert durch ihre eigenen Erfahrungen. Vor 120 Jahren sei einer ihrer Ahnen Arzt in Ägypten gewesen, von ihm stammten die Geheimnisse, die den Inhalt mehrerer in ihrem Besitze befindlichen Bücher bildeten. Sie erklärte es für ihre Pflicht, ihren Mitmenschen zu helfen, das Gesetz schreibe ja selbst vor, dass man dem Vieh helfen müsse, und dem leidenden Menschen zu helfen, solle verboten seyn? Es wurde in der Verhandlung konstatiert, dass die Frau Doktorin einer Praxis sich erfreut, wie wohl kein anderer Arzt in Bayern (da liegt der Hund begraben), täglich werde sie von 100 bis 200 Personen aus allen Ständen um ihren Rath förmlich bestürmt. Eine Anzahl Zeugen erklärte in offener Sitzung, dass die ›Frau Wunderdoktorin‹ sie geheilt habe, nachdem das Wissen der studierten Doktoren gescheitert sei.«

Und in der *Donau Zeitung* hieß es am 10. September 1862: »Man sollte doch vielmehr untersuchen, ob genannte Doktorin nicht in der That ein heilendes Kräutlein, Pülverlein oder Säftlein besitzt, das sie ja durch Zufall entdeckt, oder meinetwegen auch von ihrem ägyptischen Onkel erhalten haben kann. Es gibt gar viele Dinge in der Welt, von denen sich die Herren Ärzte nichts träumen lassen, und wir müssen aufrichtig gestehen, dass wir in vielen Fällen einem berühmten Pfuscher den Vorzug vor einem unberühmten Arzte geben würden.«

Amalie durfte weiter ihre Patienten behandeln, musste aber einen Badearzt einstellen. Sie hatte sich jedoch stets Strohmänner gewählt, die willig nach ihren Anordnungen arbeiteten. Die Kurklinik in Mariabrunn florierte nun nur noch mehr. Die Doktorbäuerin renovierte eine dazugehörige Kapelle, errichtete neue Gebäude, baute ein Brauhaus und kaufte weiteren Grund und Boden. Der Landbevölkerung bot die Klinik lukrative Arbeitsplätze als Kutscher, Bademeister, Köchin oder Zimmermädchen. Es waren begehrte Tätigkeiten, da bei ihnen oft genug gutes Trinkgeld abfiel. Auch für die umliegenden Bauern war dieses neu belebte Anwesen ein Gewinn; sie belieferten es mit großen Mengen von Butter, Eiern und Geflügel. Kräutersammlerinnen profitieren von der Doktorbäuerin, da sie Johanniskraut, Schafgarbe, Melissenblätter und vieles andere an die Heilerin veräußerten. Und die Händler fanden unter den Reichen und Adligen willige Abnehmer für ihre Waren. Die Kurklinik hatte sich regelrecht zu einem prosperierenden Unternehmen entwickelt, das niemand – bis auf die Ärzte – mehr missen wollte.

Die ländliche Bevölkerung verehrte Amalie aber auch wegen ihrer Freigiebigkeit. Für manch mittellose Tochter bezahlte sie die Aussteuer, und die Kirche unterstützte sie großzügig, wenn Renovierungen anstanden. Nicht immer war es ihr eigenes Geld. So veranlasste sie beispielsweise Sammlungen unter den reichen Badegästen, wenn Spenden benötigt wurden.

Zeitgenossen beschrieben die Doktorbäuerin als eine widersprüchliche Persönlichkeit. So freundlich und hilfsbereit sie auch war, so neigte sie zugleich zu Geiz und nicht selten zu Zornesausbrüchen. Mit ihrer Reitpeitsche in der Hand machte sie Eindruck – aber die Peitsche kam mithin auch zum Einsatz, um ihre Bediensten anzutreiben.

Was war der Erfolg ihrer Heilmethoden? In einer Zeitung stand: »Aus der Anschauung des Harns stellt diese Frau eine solch genaue Diagnose der Krankheit, dass es bis an das Unglaubliche grenzt.« Von ihren Kritikern wurde ihr jedoch vorgeworfen, dass sie ihre Diagnosen nicht anhand der Urinprobe stellen würde. Sie würde die Bediensteten damit beauftragen, die Patienten auszuhorchen. Das war ein Leichtes, denn die Kurgäste sprachen mit Vorliebe über ihre Leiden. Der Vorwurf ihrer Gegner ist nicht ganz von der Hand zu weisen. Mit Sicherheit aber besaß die Doktorbäuerin ein außergewöhnliches Gedächtnis und verfügte über beeindruckende Menschenkenntnis.

Wenn sie ihre Diagnose gestellt hatte, verordnete sie den Kranken eine Diät, viel Ruhe, Fichtennadel- und Kräuterbäder und Spaziergänge an der frischen Luft. Zudem verschrieb sie ihnen Medikamente, die sie aus verschiedenen Heilpflanzen herstellte. Ihre Tees und Tropfen waren blutreinigende und appetitanregende Mittel, sodass sich die Patienten schnell besser fühlten.

Die Behandlung wurde genau überwacht. Das Personal achtete darauf, dass die Patienten ihre Medizin einnahmen und die Bäderkuren strikt befolgten. Hielten sie sich nicht daran oder tranken sie etwa Alkohol, so mussten sie die Kurklinik verlassen. Die meisten Gäste befolgten aber die strengen Regeln. Hätten die »studierten« Ärzte ihre Therapie genauso konsequent überwacht, dann wäre ihre Erfolgsquote vermutlich auch höher gewesen.

Die Ärzte, die weiterhin zusehen mussten, wie ihnen die Patienten wegliefen, um sich lieber von der Doktorbäuerin behandeln zu lassen, versuchten, bei der bayerischen Regierung abermals eine Unterlassung ihrer Tätigkeit zu erreichen. Das war jedoch nicht einfach, denn Amalie Hohenester schadete

niemandem. Schließlich wurde sie aber wegen unberechtigten Verkaufs von Arzneimitteln zu einer Geldstrafe verurteilt. Anstandslos bezahlte sie die Summe – und kurierte weiter. Auch eine zweite Geldstrafe nahm sie gelassen hin. Doch der Druck wurde immer größer. Die Gendarmen nahmen ihren Patienten am Bahnhof die verschriebenen Medikamente weg und zertrümmerten sie. Schließlich wurde die Doktorbäuerin sogar in »provisorische Haft« genommen. Aber je mehr sich die bayerische Obrigkeit bemühte, angeheizt von den Ärzten, sie von ihren Behandlungsmethoden abzuhalten, und je häufiger sie von den Gerichten abgestraft wurde, umso höher stieg ihr Ansehen in der bäuerlichen Bevölkerung.

Im Alter von einundfünfzig Jahren starb sie an einem Brustgeschwür, das sie monatelang erfolglos bekämpft hatte. Ihr plötzlicher Tod traf die Menschen wie ein Schock. Ein riesiger Leichenzug begleitete sie zu ihrem Grab auf dem Ampermochinger Friedhof. Das rätselhafte Leben und Wirken der Doktorbäuerin fasziniert auch heute noch. Mariabrunn zieht immer noch viele Menschen an, die die Wirkungsstätte besuchen. Einen großen Bekanntheitsgrad weit über Bayern hinaus erhielt sie durch die Verfilmung ihres Lebens mit dem Titel »Mali«.

KAPITEL III

Pionierinnen der Landwirtschaft

Unzählige Frauen lebten und arbeiteten auf dem Land, ohne dass ihre Namen je bekannt geworden wären. Neben ihnen gab es aber auch einige, die Großartiges geleistet haben und deren Namen deshalb in die Geschichte der Agrarwissenschaften eingingen. Es waren ihre Entdeckerfreude, ihre Neugier und ihr großes Interesse an ihrem Tun, die Bemerkenswertes hervorbrachten. Bei den meisten dieser Frauen war der Lebensweg von Kindheit an vorgezeichnet. Eine standesgemäße Erziehung, gesellschaftliche Vergnügungen, schließlich die Ehe. Eine Berufsausbildung war da nicht vorgesehen. Und doch wollten sie sich engagieren, sich mit der vorgegebenen Rolle nicht zufriedengeben. Sie spürten so etwas wie Berufung für eine bestimmte Tätigkeit, der sie sich dann auch mit großer Leidenschaft widmeten. Oft waren es Missstände, die diese Frauen veranlassten, nach Lösungen zu suchen, etwa eine schlecht bearbeitete Landwirtschaft, eine ungesunde Ernährung, ein überdüngter Boden oder die untergeordnete und abhängige Stellung der Bäuerinnen. Weil die Pionierinnen unermüdlich über diese Probleme nachdachten und herumexperimentierten, fanden sie Resultate, die sinnvoll und erfolgreich waren. Ihre männlichen Kollegen setzten sie damit in Erstaunen, manchmal wurden sie von ihnen sogar insgeheim bewundert.

Zu diesen aktiven Frauen gehörte Helene Charlotte von Friedland, eine begeisterte Landwirtin und Forscherin, die über ein enormes Wissen verfügte, mehrere Güter bewirtschaftete und die Oberhand über dazugehörige Brauereien und Mühlen hatte. Oder die Agrarwissenschaftlerin Margarete von Wrangell – die erste Professorin Deutschlands. Sie setzte sich in einem Bereich durch, in dem bis zu diesem Zeitpunkt nur Männer das Sagen hatten. Auch die ökologische Landwirtschaft wurde stark von Frauen vorangetrieben. Zu den aufgeschlossenen Biobäuerinnen gehörten die Schweizerin Maria Müller sowie die Österreicherin Lili Kolisko. Sie arbeiteten im Schatten von Männern, die als Förderer des biologischen Landbaus im deutschsprachigen Raum galten, wobei diese von den Erkenntnissen ihrer Ehefrauen abhängig waren. Die Schottin Lady Eve Balfour konnte als ledige Frau die Errungenschaften ihrer »organischen« Farmarbeit für sich alleine verbuchen. Elisabet Boehm, eine Gutstochter aus Ostpreußen, gründete wiederum den ersten Landwirtschaftlichen Hausfrauenverein, aus dem einer der größten Frauenverbände in Deutschland hervorging, der Landfrauenverband. All diese Vorkämpferinnen zeigen, dass viele Neuerungen im landwirtschaftlichen Bereich auf Frauen zurückgehen – nur von »mithelfenden« Bäuerinnen zu sprechen würde den tatsächlichen Verdiensten in keiner Weise gerecht werden.

Im Galopp über die Felder

Die Gutsbesitzerin
Helene Charlotte von Friedland

Helene Charlotte von v. Friedland
geb: v. Lestwitz.

geb. 1745. gest: d. 23 ten Febr: 1803

D as meiste in der Landwirtschaft – ungefähr alles, was ich nicht schon aus der Kindheit wusste und nachher aus der Erfahrung erwarb – habe ich von einer sehr merkwürdigen Frau in unserer Nachbarschaft gelernt, von einer Frau von Friedland.« So schrieb der preußische General Johann Friedrich Adolf von der Marwitz in seinen Memoiren über die 1754 geborene Helene Charlotte von Friedland (1754–1803). Und auch Albrecht Daniel Thaer, der die Agrarwissenschaften begründet und richtungsweisende Lehrbücher geschrieben hat, äußerte sich voller Bewunderung über das landwirtschaftliche Wissen der brandenburgischen Adligen. Er hatte so viel von ihr gehört, dass er sie unbedingt kennenlernen musste. Mit großen Erwartungen reiste er dann zu ihren Gütern. Das, was er dort vorfand, übertraf seine Erwartungen bei Weitem. Die Anwesen waren in beeindruckender Weise bewirtschaftet, modern und profitabel. Er sah Brennereien und Brauereien, Wind- und Wassermühlen, Aufforstungen, einen Garten mit 1800 verschiedenen Pflanzenarten, ein Herbarium sowie eine botanische und landwirtschaftliche Bibliothek.

Wer aber war diese Frau, die der Schriftsteller Theodor Fontane als »eine seltene und ganz eminen-

te Frau; ein Charakter durch und durch« beschrieb? Helene Charlotte wohnte auf Schloss Kunersdorf bei Bliesdorf und war die Herrin mehrerer preußischer Güter, die sie im Alter von vierundzwanzig Jahren von ihrem Vater, General von Lestwitz, geerbt hatte. Da hatte sie schon einiges an Lebenserfahrung hinter sich. Mit siebzehn wurde sie bereits verheiratet. Ihr Mann war Adrian Heinrich von Borcke, ein preußischer Gesandter, der sie aber nach kurzer Zeit betrog. Sie ließ die Ehe annullieren, kurz nachdem sie eine Tochter zur Welt brachte. Um nicht weiter an

Linke Seite: Helene Charlotte von Friedland trennte sich von ihrem ersten Mann, der sie betrog. Ihre Erfüllung fand sie in der äußerst effizienten Bewirtschaftung ihrer Ländereien. Oben: Die Hausherrin (ohne Schürze) bestimmte, was auf den Tisch kam, und versorgte die vielen auf einem Gutshof arbeitenden Menschen.

ihre unglückliche Ehe erinnert zu werden, beantragte sie eine Änderung ihres Nachnamens. König Friedrich Wilhelm II. gewährte ihr diesen Wunsch, seitdem durfte sie sich Helene Charlotte von Friedland nennen.

Als alleinerziehende Mutter widmete sie sich von nun an aus vollem Herzen ihren landwirtschaftlichen Gütern. Sie verkaufte ihren Schmuck, ihre Juwelen und andere Wertgegenstände, um das Geld in die Landwirtschaft zu investieren. Die notwendigen Organisationsarbeiten überließ sie keineswegs ihren Verwaltern, sondern sie ging selbst auf die Felder hinaus und leitete die Bauern an. Dabei war sie äußerst erfolgreich, wie ihr Nachbar auf Gut Frie-

dershof, General von der Marwitz, bewundernd erzählte. Die Äcker waren fruchtbar, das Getreide stand dicht, sie hatte es geschafft, an kargen Hängen Wälder anzupflanzen und sumpfiges Gelände in saftige Wiesen zu verwandeln. Das erregte Verwunderung, und so war es nicht weiter erstaunlich, dass die wildesten Geschichten über sie kursierten. Dass sie aber stundenlang über die Ländereien ritt, war keinesfalls ein Gerücht, doch hingegen stimmte es nicht, dass sie die Bauern mit der Peitsche antrieb. Von der Marwitz berichtete, dass sie einen engen Kontakt zu ihren Untergebenen pflegen würde. Frau von Friedland besuche sie bei ihrer Arbeit und rede freundlich mit ihnen, aber sie erwarte auch, dass man ihre Anweisungen befolge. Bei ihren Bauern und Bediensteten sei sie sehr beliebt.

Albrecht Daniel Thaer besuchte die Gutsbesitzerin 1801 zum ersten Mal. Was er erlebte, beschrieb er eindrucksvoll: »Auf der Grenze ihrer Herrschaft kam uns Frau von Friedland, eine der merkwürdigsten Frauen, die je existiert haben, in vollem Trabe

entgegen, sprang vom Pferde und setzte sich zu uns in den Wagen. Nun ging es in vollem Galopp über Dämme und Gräben weg. Wir fuhren vier volle Stunden von einem Ort zum andern. Fünf bis sechs Verwalter, Schreiber usw. waren immer neben und hinter dem Wagen und mussten bald eine Herde Kühe, bald eine Herde Schafe oder Schweine herbeiholen. Da indessen einige der Gesellschaft nicht länger verhehlen konnten, dass ihnen nach einem Imbiss verlange, sagte Frau von Friedland: ›Wir sind sehr bald zu Hause; wollen Sie aber im Freien essen, kann ich Ihnen sogleich etwas schaffen.‹ Als wir Letzteres versicherten, ging es sofort in einen prächtigen Wald hinein, einen steilen Berg hinauf, wo wir erst ein Feuer und bald darauf eine gedeckte Tafel erblickten, auf einem Platze, wo wir im Vordergrunde dichte Waldung, zur Seite einen großen See und in der Ferne eine weite Aussicht in das herrliche Oderbruch hatten. Eine Menge von Schüsseln, die schönsten Weine, und ein Dessert von Ananas, Weintrauben usw. ward aufgetragen. Aber sie ließ uns zum Essen und Trinken nicht eben viel Zeit. Es ging bald wieder fort, von einer Feldflur zur andern, und so waren wir gewiss fünfzehn Meilen kreuz und quer gefahren, ehe wir auf ihrem gewöhnlichen Wohnsitze, auf Schloss Cunersdorf, ankamen.«

Offensichtlich wurde Thaers Aufenthalt bei Helene Charlotte in den darauffolgenden Tagen nicht geruhsamer: »Heute von morgens sechs Uhr an, bis jetzt, abends zehn Uhr, hat sie uns nicht fünf Minuten Ruhe gelassen. Wir haben gewiss vier Spann Pferde müde gefahren. So etwas von Aktivität ist mir noch nie vorgekommen.«

Die adlige Dame kannte jeden Winkel ihrer Güter, jeden Baum und jedes Pferd. Nicht die kleinste Nachlässigkeit entging ihr. Sie bemerkte sofort, wenn in der Hecke eine Lücke oder nicht in geraden Reihen gepflügt war. Als hochgebildete Frau interessierte sie sich sowohl für die Theorie als auch für die Praxis der Landwirtschaft. So unternahm sie Feldversuche mit Wiesengräsern, um die Züchtung von Grassamen zu optimieren. Auf Bitten von Albrecht Thaer verfasste sie 1799 einen wissenschaftlichen Aufsatz unter dem Titel »Über die Verbesserung der Wiesen durch reinen Samen der vorzüglichsten Grasarten, und Anweisung wie dieser zu gewinnen«. Sie erlaubte Thaer die Publikation in seinen *Annalen der Niedersächsischen Landwirtschaft*, verbot ihm aber, ihren Namen zu nennen, sodass der Aufsatz anonym erschien. Veröffentli-

chungen von Frauen wurden damals kaum ernst-genommen.

Mit ihrer Begeisterung für die Landwirtschaft steckte die Gutsbesitzerin auch ihre Tochter Henriette Charlotte (1772–1878) an, die sich ebenfalls zu einer herausragenden Agrarökonomin entwickelte. Als diese Graf von Itzenplitz heiratete, wurde die Hochzeitsreise nach den Wünschen und Vorstellungen der jungen Frau ausgerichtet: Und so unternahm das frisch vermählte Paar eine landwirtschaftliche Studienfahrt nach Holland und England. Sie dauerte offensichtlich sehr lange, denn in England gebar sie das erste ihrer vier Kinder. Das Wissen, das sich Henriette Charlotte auf dieser Reise erwarb, setzte sie wiederum erfolgreich bei der Bewirtschaftung ihrer Güter um. Außerdem verfasste sie ein Reisejournal zur englischen Landwirtschaft. Da sie die meisten ihrer Schriften ebenso wie ihre Mutter anonym veröffentlichte, ist es heute schwierig, die Texte der beiden Frauen unter den Publikationen ausfindig zu machen, die Albrecht Thaer herausgab.

Helene Charlotte von Friedland starb 1803, mit nur achtundvierzig Jahren, an einer schweren Erkältung. Als unabhängige Frau hatte sie ihr Leben der Landwirtschaft verschrieben. Da sie jedoch vielseitig interessiert war, führte sie gemeinsam mit ihrer Tochter einen Salon, der zu einem regen Austausch zwischen Künstlern, Dichtern, Wissenschaftlern und Politikern einlud. Am Musenhof der beiden ungewöhnlichen Damen fühlten sich so geistreiche Männer wie Theodor Fontane, Adelbert von Chamisso, die Gebrüder Humboldt oder der Bildhauer Schadow und viele andere Herren intellektuell bestens unterhalten.

Helene Charlotte von Friedlands Tochter Henriette Charlotte von Itzenplitz teilte die Leidenschaft ihrer Mutter für Agrarökonomie. Gemeinsam führten die Damen einen überaus attraktiven Salon für Geistesgrößen ihrer Zeit. Rechte Seite: Margarete von Wrangell konnte als erste Professorin für Agrarwissenschaften nur mit exzellenter Arbeit allerlei Vorurteile ihrer männlichen Kollegen widerlegen.

Die Agrarwissenschaftlerin Margarete von Wrangell

Die erste Professorin in Deutschland war eine Agrarwissenschaftlerin: Margarete von Wrangell (1877–1932). Die 1877 in Moskau geborene Baronesse gehörte zu den ersten Studentinnen, die 1904 in Tübingen immatrikuliert wurden. Dort waren die Bedingungen für ein Frauenstudium günstiger. An anderen deutschen Universitäten seien die meisten Professoren strikt gegen ein solches und würden unter keinen Umständen eine Dame zu ihren Vorlesungen und Übungen zulassen, wie Margarete von Wrangell gesagt wurde.

Schon in der Schule fiel sie durch ihre Strebsamkeit und ihren Ehrgeiz auf, besonders in den Fächern Naturkunde, Arithmetik und Philosophie. An der Universität studierte sie Botanik und Chemie und wandte sich im Laufe des Studiums der organischen Chemie zu.

Nachdem sie in diesem Fach mit *summa cum laude* promoviert hatte, ging sie zu Forschungszwecken nach London. Ihre Studien setzte sie bei dem britischen Chemiker Sir William Ramsay auf dem Gebiet der Radioaktivität fort, arbeitete später einige Monate bei Marie Curie in Paris. Zwischen diesen beiden Aufenthalten sammelte sie ihre ersten Lehrerfahrungen als Universitätsassistentin in Straßburg.

Nachdem sie überzeugt davon war, genug gelernt zu haben, übernahm sie 1912 die Leitung einer landwirtschaftlichen Versuchsstation im estländischen Reval. Dort kamen ihre chemischen Forschungen in der praktischen Landwirtschaft zur Anwendung. Sie befasste sich mit Saatgut, vor allem aber interessierte sie der Einsatz von kali- und phosphathaltigen Rohmaterialien als Düngemittel. Für damalige Zeiten sicher eine ungewöhnliche Neigung für eine Wissenschaftlerin.

Als 1917 die Oktoberrevolution in Russland ausbrach, die zum Zusammenbruch des Zarenreichs führte, forderten die Bolschewiken, ihre Versuchsstation unter Kontrolle der Kommunisten zu stellen.

Importe möglich, da die Mineralien, die diesen chemischen Stoff enthielten, nicht im eigenen Land vorkamen. Die Abhängigkeit vom Ausland hatte sich – wie auch bei anderen Bodenschätzen – vor allem im Ersten Weltkrieg bemerkbar gemacht, als der Handel große Einschränkungen erfuhr. Margarete sah die ökonomische und politische Notwendigkeit, vom Phosphorimport unabhängiger zu werden. Aus diesem Grund vertiefte sie sich in endlosen Forschungsreihen in diese Substanz. Dabei gelangte sie zu einem bahnbrechenden Ergebnis, wie sie rückblickend erzählte: »Ich machte darauf aufmerksam, dass die deutschen Böden lange nicht so phosphorsäurebedürftig sind, wie man damals im Allgemeinen annahm, dass durch die Auswahl geeigneter Kulturpflanzen, durch eine richtige Nebendüngung und Bodenbearbeitung das Phosphorsäurekapital im Boden mobilisiert werden könne und dass dementsprechend das Verhältnis der einzelnen Düngemittel zueinander, wie es vor dem Kriege für richtig gehalten wurde, sich wesentlich verändern lasse.« Für diese Erkenntnis bekam sie nicht nur Beifall, sondern auch heftige Kritik, vor allem von der Phosphatindustrie, die um ihren Umsatz fürchtete. Ihr Vorgesetzter, der Agrarwissenschaftler Friedrich Aereboe, war jedoch von ihren Forschungen und Einstellungen begeistert. Zusammen mit ihm arbeitete sie daraufhin ein spezielles Düngesystem für die Landwirtschaft aus.

1921 wurden der Universität in Hohenheim vom Reichsernährungsministerium Forschungsgelder vermittelt, die von der Düngemittelindustrie zur Verfügung gestellt wurden. Damit sollte ein Institut

Sie weigerte sich. Das Institut wurde daraufhin geschlossen – und Margarete von Wrangell kurz darauf mit einigen anderen deutsch-baltischen Adligen verhaftet. Im darauffolgenden Jahr, im Februar 1918, wurde sie von einmarschierenden Deutschen – der Erste Weltkrieg war noch nicht vorbei – wieder befreit. In der Folge war sie an der Landwirtschaftlichen Hochschule in Stuttgart-Hohenheim tätig und forschte dort weiter über die Verwendung von Phosphorsäure im Agrarbereich.

In Deutschland war durch die Verwendung von Düngemitteln in der Vergangenheit eine enorme Ertragssteigerung erreicht worden. Doch die Herstellung von Dünger mit Phosphor war nur durch für Pflanzenernährung gegründet werden. Die finanziellen Mittel waren aber an die Person Margarete von Wrangell gebunden, und so nutzte sie ihre Chance – inzwischen hatte sie auch habilitiert – und forderte die selbstständige Leitung des Instituts und die Errichtung eines ordentlichen Lehrstuhls mit ihr als Professorin. Der Widerstand im Lehrerkonvent war vorprogrammiert. So neu seien ihre Forschungsergebnisse nun auch wieder nicht, wurde behauptet. Außerdem stelle sich die Frage, ob eine Frau überhaupt in der Lage sei, ein Institut mit vorwiegend männlichem Personal zu leiten. Nach einer heftigen Debatte wurde schließlich mit knapper Mehrheit beschlossen, der exzellenten Wissenschaftlerin einen ordentlichen Lehrstuhl zu übertragen. Und wer immer ihr den Posten streitig zu machen versuchte, durch ihre guten politischen Verbindungen und den Rückhalt ihrer Förderer wurde verhindert, dass man ihre wissenschaftliche Karriere blockierte. Eine dieser einflussreichen Persönlichkeiten war Hermann Warmbold, der sie als Hohenheimer Direktor an die Universität geholt hatte und in der Weimarer Republik mehrmals zum Reichswirtschaftsminister ernannt wurde.

Über ihre Antrittsvorlesung schrieb Margarete: »Da ich vorher viele versteckte und offene Angriffe erlebt hatte, machte ich mich auf alles gefasst – und erlebte nachher nur Gutes. Es wurde mir, wie ich jetzt glaube, scheinheilig versichert, drei Zuhörer würde ich haben, so könnte dann die Vorlesung jedenfalls zustande kommen, denn so viel müsste ein Privatdozent haben. Ich rechnete im Stillen mit zwanzig; es waren aber weit über zweihundert, der ganze große Saal war bis zum letzten Platz besetzt.« Angesichts ihrer vielen Kritiker war sie sehr nervös. Doch dann entdeckte sie unter den Zuhörern »die strahlend-freundlichen Gesichter einiger Damen, Professorenangehörige« und interessierte Studenten, die aufmerksam zuhörten. Diese hatte sie im Blick, als sie redete. Ihre Nervosität legte sich, sodass ihre Antrittsvorlesung viel Beifall bekam.

Margarete von Wrangell hatte als erste Frau eine akademische Position erreicht, die zuvor undenkbar schien. Sie hatte hart dafür gearbeitet und ihren Beruf zum Mittelpunkt ihres Daseins gemacht. Den Geheimnissen des Pflanzenwachstums auf die Spur zu kommen war ihre Obsession. An ihren späteren Mann, den Jugendfreund Fürst Wladimir Andronikow, schrieb sie 1926, dass sie kein persönliches Leben habe. Sie widme sich ganz und gar der Wissenschaft, sodass sie kaum private Freundschaften

Dass man durch ein spezielles Düngesystem die Bodenbeschaffenheit und das Wachstum der Pflanzen verbessern kann, konnte Margarete von Wrangell beweisen.

oder verwandtschaftliche Beziehungen pflegen könne. Nur ihrer Mutter gegenüber, mit der sie intensiv korrespondierte, öffnete sie sich. Ihr gestand sie, dass sie sich oft sehr einsam fühlen würde.

Doch es gab einen Ausgleich: Das neue Institut arbeitete unter ihrer Leitung äußerst erfolgreich. Ihre Erkenntnisse über verschiedene Düngemittel konnten zwar nicht uneingeschränkt in der Praxis angewendet werden, dennoch wurde durch sie die Phosphatsäuredüngung in Deutschland erheblich reduziert. Noch heute beschäftigt sich die Agrarwissenschaft mit ihrem Ansatz, das natürlich vorhandene Phosphorsäurekapital im Boden besser zu nutzen.

Das Arbeitsklima in ihrem Institut war fast familiär zu nennen, das Verhältnis der Mitarbeiter zu Margarete von Wrangell war geprägt durch menschliche Zuneigung und durch Hochachtung vor ihrer wissenschaftlichen Autorität. Dennoch standen ihr manche auch reserviert gegenüber, da sie konsequent

den ganzen Einsatz von ihren Mitarbeitern forderte. Ihr zweiter wissenschaftlicher Assistent, Hans Rheinwald, wurde sogar zu Chauffeursdiensten, auch bei Privatfahrten, eingeteilt. Aber solange sie als Respektsperson nicht infrage gestellt wurde, zeigte sie sich gegenüber ihren Kollegen äußerst fürsorglich, fast schon mütterlich, und half auch deren in Not geratenen Familienmitgliedern. Die Frau eines Mitarbeiters erinnerte sich Jahrzehnte später in einem Artikel der Institutszeitschrift: »Mein Mann hat diese Frau sehr verehrt, und ich habe sie bewundert ob ihrer Klugheit, ihrer Energie und ihrer Menschlichkeit.« Dennoch war die baltische Baronesse keine einfache Persönlichkeit, was nicht verwundert, wenn man bedenkt, wie viele Hürden sie nehmen musste, um ihre Ziele zu erreichen. In Institutskreisen kursierte der Spruch: »In einem Kreis von Männern ist Margarete von Wrangell oft der einzige Mann.«

Wie sehr sie von ihrer beruflichen Willenskraft bestimmt wurde, zeigt sich in einer Begebenheit, die Wladimir Andronikow – sie heiratete ihn 1928, mit einundfünfzig Jahren – über sie erzählte. Beide hielten sich gerade in einem Kurort bei Belgrad auf, als Margarete wegen eines Vortrags, um den sie per Telegramm gebeten wurde, plötzlich abreisen musste. Kurz darauf stand sie im Reisekostüm und mit einem bereits gepackten Koffer in der Hand vor ihrem späteren Ehemann und verlangte, dass er eine Kutsche besorgen solle, um den einzig noch infrage kommenden Zug zu erreichen. Seinen Einwand, dass dies in so knapper Zeit nicht zu schaffen sei, ließ sie nicht gelten. Andronikow überlegte. Eine Chance bestünde darin, so sein Gedanke, wenn er einen Kutscher mit guten Pferden finden würde, die die Strecke zum Bahnhof im Galopp hinlegen könnten. Und bald darauf ging die wilde Fahrt los: »Erst durch das Dorf,

dann bergab auf einer Straße mit Kurven und in den Abgrund rollenden Steinen. Das linke Pferd war schlecht eingefahren. Die Fahrt schien mir doch zu riskant, und ich machte Versuche, in die Leinen zu greifen, um das Tempo zu mildern; aber jedes Mal nahm mich Daisy (wie Margarete von ihrer Familie genannt wurde) am Arm und sprach ruhig: ›Lass ihn, er fährt sehr richtig, so können wir ankommen!‹ Mit schaumbedeckten Pferden galoppierten wir durch das Städtchen Mladenowatz, als plötzlich der Schnellzug an uns vorbeibrauste und zischend im Bahnhof hielt. Wir hatten noch zwei Minuten Fahrt bis dorthin.«

Es schien hoffnungslos, den Zug zu erwischen. Jede Sekunde musste er sich in Bewegung setzen. Doch ihren Vortrag im Kopf, gab Margarete das Kommando: »Wladimir, schrei, schrei zusammen mit Branko, schreit, was ihr wollt und so laut ihr könnt, um den Zug aufzuhalten!« Das taten die beiden Männer auch. Und statt die Abfahrt freizugeben, blickten alle Bahnbeamten in die Richtung des

heranpreschenden Gefährts mit zwei brüllenden Männern und einer aufgeregt winkenden Frau. Der Lokomotivführer beugte sich weit aus seinem Gehäuse, an allen Fenstern drängten sich die Gesichter der Reisenden. So kamen sie noch rechtzeitig an. Der Kutscher fuhr sich über die Stirn und sagte: »Bei Gott, das ist keine gewöhnliche Frau!«

1932 starb Margarete an einem Nierenleiden. Auf dem Institutsgelände wurde ein Gedenkstein aufgestellt, auf dem zu lesen steht: »Ich lebte mit den Pflanzen. Ich legte das Ohr an den Boden und es schien mir, als seien die Pflanzen froh, etwas über die Geheimnisse des Wachstums erzählen zu können.«

Die ersten Biobäuerinnen Lili Kolisko, Maria Müller und Lady Eve Balfour

enn der Landwirt übers Feld geht, dann setzt er seinen Fuß mit jedem Schritt auf einen zoologisch-botanischen Garten, der Milliarden und aber Milliarden von Individuen (Lebenswesen) umschließt«, schrieb die Schweizerin Maria Müller in ihrem Vortragsband *Wie entsteht fruchtbare Erde?* Für sie und andere Pionierinnen des ökologischen Landbaus stand der lebendige Boden im Mittelpunkt, der für das Gedeihen gesunder Lebensmittel nutzbar gemacht werden sollte.

Zu diesen Vorkämpferinnen gehörte Lili Kolisko (1889–1976). Sie war davon überzeugt, dass die von Rudolf Steiner vorgegebenen Präparate für die Bodenfruchtbarkeit und das Pflanzen- und Tierwachstum entscheidend sind. Steiner ging davon aus, dass durch die Verwendung von reifem Stallmist, einem konsequent durchgeführten Fruchtwechsel, der Gründüngung und der Verwendung von Hornmist in »dynamisierter Form« sich die Bodenbeschaffenheit deutlich verbessern ließe. Seine Ideen bildeten die Grundlagen für den biologisch-dynamischen Landbau und in der Folge für die »Demeter-Bewegung«.

Lili Kolisko wurde 1889 als Tochter eines Schriftsetzers in Wien geboren. Sie wuchs in ärmlichen Verhältnissen auf, ihre Kindheit war von der Alkoholkrankheit ihres Vaters überschattet. Dennoch schaffte sie es aufs Gymnasium, und als die Matura anstand, zeigte sie sich sehr selbstbewusst. Für ihre Prüfung hatte sie sich den deutschen Dramatiker Friedrich Hebbel ausgesucht, woraufhin ihr Lehrer sagte, dass er darauf nicht vorbereitet sei. Sie antwortete ihm: »Es genügt doch, wenn ich vorbereitet bin.«

Im Ersten Weltkrieg arbeitete Lili als freiwillige Helferin in einem Lazarett in Wien, wo sie verschiedene medizinische Labormethoden kennenlernte. Dort traf sie auch auf den jungen Assistenzarzt Eugen Kolisko, den sie 1917 heiratete. Zwei Jahre später kam ihre Tochter zur Welt. Nach dem Krieg zog die Familie nach Stuttgart, wo Lili und ihr Mann sich an einer neu gegründeten Waldorfschule bewarben. Eugen kümmerte sich um künstlerische Therapien wie Heileurythmie oder -singen. Außerdem stellte er zusammen mit dem Anthroposophen Rudolf Steiner Forschungen an, um die Maul- und

Klauenseuche zu bekämpfen, die zu dieser Zeit sehr verbreitet war. Lili übernahm dabei nach Steiners Anweisungen die Labortätigkeiten. Sie untersuchte das Blut der kranken Tiere und gewann Erkenntnisse, die sie in ihrem Werk *Milzfunktion und Plättchenfrage* (1922) publizierte. Zusammen mit dem Anthroposophen entwickelte sie ein Potenzierungsverfahren, bei dem die materielle Substanz immer mehr verdünnt wurde und die »ätherische Wirksamkeit« deutlicher hervortreten sollte. Die Ergebnisse stellte sie in Kurven dar. Dazu schrieb sie: »Die Kurven sind ins Physische heruntergeholte Bilder geistiger Realitäten. Sie spiegeln Weltgesetzmäßigkeiten wider.« Eine Weiterentwicklung dieser Forschungsarbeiten war die sogenannte »Steigbildmethode«.

Mehr und mehr war sie von ihren eigenen Experimenten fasziniert. Auf Nährböden mit unterschiedlichen Verdünnungen untersuchte sie das Keimen und Wachsen von Bohnen, Linsen, Getreidepflanzen und Sonnenblumen. Sie stellte begeistert fest, dass sich anhand von rhythmischen Wellenlinien nachweisen ließ, dass Pflanzen im Wachstumsprozess auf kleinste im Boden zugefügte Stoffmengen reagieren. Ihre Ergebnisse veröffentlichte sie 1923 in der Schrift *Physiologischer und physikalischer Nachweis der Wirksamkeit kleinster Entitäten*. Die Bedeutung dieses Werks wurde von Rudolf Steiner mit folgenden Worten gewürdigt: »Ich denke aber, seit den Untersuchungen von Frau Dr. Kolisko über die Wirkungen kleinster Entitäten, die in so glänzender Weise alles dasjenige, was bisher Tappen und Tasten in der Homöopathie war, auf eine so gründliche wissenschaftliche Basis gestellt haben, ich denke, seit der Zeit kann man es durchaus als wissenschaftlich ansehen, dass in kleinen Entitäten, in kleinen Mengen gerade die strahlenden Kräfte, die gebraucht werden in der organischen Welt, dadurch entbunden werden, dass man kleinste Mengen in entsprechender Weise verwendet.«

Auf Anregung des Anthroposophen untersuchte sie auch die Einwirkungen von Gestirnkonstellationen auf das Gedeihen von Pflanzen und ihren Zusammenhang mit besonderen astronomischen Ereignissen wie Sonnen- und Mondfinsternis.

in der landwirtschaftlichen Praxis fanden.

Lili Kolisko war eine ernsthafte und passionierte Forscherin. Ihre langjährige Mitarbeiterin Gladys Knapp schrieb einmal: »Experimente am Morgen, Experimente am Abend, Experimente in der Nacht, zwei Stunden Schlafen, das war ihr Leben.« Sie selbst sah es nicht anders. Mit einem Hinweis auf ihre veröffentlichten Schriften notierte sie: »Nehmen Sie die Milzfunktion (1922) bis zum Blei (1952), dann haben Sie meine Biografie.« Am 20. November 1976 starb sie in England.

Durch ihre Forschungen über den Einfluss der Gestirne auf das Pflanzenwachstum hatte sie kosmische Zusammenhänge festgestellt, die sie auf eine neue Sicht der Landwirtschaft hoffen ließ: »Ich will daher über die Erneuerung der Landwirtschaft schreiben, welche das Fundament der physischen Existenz des Menschen ist ... Nur ein wirkliches Verständnis des wunderbaren Organismus ›Landwirtschaft‹ wird es ermöglichen, gesunde Nahrungsmittel heranzuziehen.« Auch wenn die anthroposophischen Methoden nicht unumstritten sind, so hat die biologisch-dynamische Landwirtschaft doch breite Anwendung gefunden und durch die »Demeter-Bewegung« auch zu einer Verbreitung der Erkenntnis geführt, dass man dem Boden mindestens das zurückgeben muss, was man ihm nimmt.

Maria Müller (1894–1969) verfolgte hinsichtlich des ökologischen Landbaus ein vollkommen anderes Konzept als Lili Kolisko. Die Schweizerin wurde so zur Wegbereiterin der organisch-biologischen Agrarkultur, die heute noch unter dem Markennamen »Bioland« bekannt ist. Es ging ihr um eine

Nach Steiners Tod 1925 wurden die Arbeitsbedingungen für Lili schwieriger. Ihre Forschungsarbeiten ignorierte man zunehmend, da sie keine berufliche Ausbildung vorweisen konnte. Mit ihrem Mann emigrierte sie 1936 nach London. Dort konnten sie nur schwer Fuß fassen und lebten abgeschieden in ärmlichen Verhältnissen. Unermüdlich arbeitete sie aber weiter. Vor allem befasste sie sich mit der kosmischen Kräftewirkung und untersuchte den Einfluss der Planeten auf Metalle. Allerdings blieben viele Ergebnisse unveröffentlicht.

Eugen Kolisko plante in England eine anthroposophische Universität zu gründen, konnte sein Vorhaben aber nicht verwirklichen, da er bereits 1939 während einer Zugfahrt an einem Herzinfarkt starb. Lili Kolisko war nun noch einsamer, aber immerhin hatte sie ihre Forschung und das Ziel, ihr Lebenswerk und vor allem das ihres Mannes der Nachwelt zu hinterlassen. So übersetzte sie seine Werke ins Englische, schrieb eine Biografie über ihn und verfasste ein Buch, das sie noch zu Lebzeiten gemeinsam konzipiert hatten. Der Titel: *Landwirtschaft der Zukunft*. Es war ihr wichtig, dass ihre jahrelangen Experimente im Labor auch Anwendung

Maria Müller setzte auf Kleinstlebewesen zur Verbesserung der Bodensubstanz.

naturnahe Landwirtschaft, die »ohne mystisches Drum und Dran« auskommen müsse. Die Anthroposophie war für sie mit ihrer christlichen Religionsauffassung nicht vereinbar. Zudem war sie der Ansicht, dass sich ein pragmatisch orientierter Zugang bei den Bauern besser durchsetzen ließe. In der Folge erarbeitete Maria Müller eine Anbauweise, die die Fruchtbarkeit der Erde fördern sollte, so zum Beispiel durch Gründüngung, Kompostgabe, bodenschonende Bearbeitung und eine ausgewogene Fruchtfolge, eine unterschiedliche Reihenfolge der Anpflanzungen. Dieser Ansatz war ganzheitlicher und betrachtete den Boden als einen lebenden Organismus. Mit dem Einsatz von Steinmehl, das sie propagierte, könne die Erde durch Umwandlung mittels tierischer Kleinstlebewesen fruchtbar gemacht werden.

Maria kam 1894 zur Welt, sie stammte aus einer Emmentaler Bauernfamilie. Als sie mit der Schule fertig war, machte sie eine Ausbildung als Gärtnerin. Mit zwanzig Jahren heiratete sie ihren früheren Lehrer Hans Müller, vier Jahre später wurde ihr Sohn geboren. Da sie gesundheitlich labil war, sah sie sich nach alternativen Ernährungskonzepten um und be-

schäftigte sich mit den damals noch unbekannten Kenntnissen des Schweizer Arztes Maximilian Oskar Bircher-Benner, mit den Empfehlungen von Werner Kollath, dem deutschen Pionier der Vollwerternährung, sowie den Studien von Mikkel Hindhede, einem dänischen Arzt, der ein auf Rohkost basiertes Ernährungsmodell entwickelte. Aus dieser Lektüre entstand die Schrift *Was die Bauernfamilie über die neuzeitliche Ernährung wissen müsste*.

Sie erkannte, dass gesunde Ernährung und biologische Anbauweise nicht voneinander zu trennen sind. Nachts, wenn alle schliefen, las sie über den organischen Landbau, sogar internationale Fachliteratur war darunter. Ihre grundlegende Motivation bestand darin, ein Bewusstsein für die Erzeugung von gesunden und hochwertigen Lebensmitteln zu wecken. Eine Fülle von Notizen aus ihrem Nachlass belegt die Intensität, mit der sie diese Studien betrieb. Alles, was sie las, erprobte sie in ihrem Hausgarten. Kompostierung, Pflege der Humusschicht und eine gezielte Fruchtfolge waren dabei wichtige Elemente ihrer Versuchsreihen. Der Hausgarten gehörte zu einem bäuerlichen Bildungszentrum auf dem Möschberg, einem kleinen Dorf im Kanton Bern. Die Landbau- und Volkshochschule für Bauern war von Hans Müller gegründet worden, und in diesem großen Berghaus hatte Maria wiederum eine Hausmutterschule eingerichtet. Hier wollte sie einerseits jungen Bauerntöchtern eine fundierte

Ausbildung über eine gesunde Landwirtschaft vermitteln und andererseits eine größere Wertschätzung für die von Bäuerinnen geleistete Arbeit erreichen.

Maria war eine zurückhaltende Frau, die sich lieber im Hintergrund hielt. Ihr Mann, inzwischen zum Agrarpolitiker aufgestiegen, drängte sie jedoch dazu, ihre Kenntnisse weiterzugeben. Da ihr ihre Mission so wichtig war, überwand sie schließlich ihre Scheu vor der Öffentlichkeit und gab ihr Wissen über die Bodenzusammensetzung und seine Verbesserung in Vorträgen weiter. Diese wurden 1955 unter dem Titel *Wie entsteht fruchtbare Erde?* veröffentlicht. Hans Müller wiederum sorgte in seinem Amt für die praktische Umsetzung der organisch-biologischen Anbauweise. Das Ehepaar ergänzte sich perfekt. Später, Anfang der Fünfzigerjahre, kam noch der Bakteriologe Hans Peter Rusch hinzu und stellte zusammen mit Maria und Hans Müller die Ergebnisse auf ein wissenschaftliches Fundament. Mit seinen mikrobiologischen Bodentests konnte er die Wirksamkeit des organisch-biologischen Landbaus nachweisen und die Menge und Qualität der lebenden Organismen im Boden feststellen. Dreißig Jahre lang widmete sich Maria intensiv ihren Studien, bevor sie ihre Ergebnisse in dem Standardwerk *Praktische Anleitung zum organisch-biologischen Landbau zusammenfasste*. Erst nach ihrem Tod im Jahr 1969 fiel auf, wie wichtig ihre Erkenntnisse waren. Die organisch-biologische Bewegung erkannte früh, welche Schädigung der Natur durch eine industrielle Landwirtschaft entsteht und forderte daher, die Anbauweise umzustellen, damit ein gesunder, lebendiger Boden gefördert werden kann und eine langfristige und nachhaltige Fruchtbarkeit. Maria Müller leistete hier wesentliche Aufklärungsarbeit.

Die dritte im Bunde der bekannteren Ökobäuerinnen war Evelyn Barbara Balfour (1898–1990), eine Engländerin, die hier wegen ihrer großen Verdienste für den ökologischen Landbau erwähnt werden soll, auch wenn sie nicht aus dem deutschsprachigen Raum kommt. Sie stammte aus einer schottischen Landadelsfamilie, und obwohl sich die Balfours für Bildung und Ausbildung von Frauen engagierten, waren die Angehörigen nicht sehr begeistert, als Lady Eve ihnen mitteilte, dass sie Landwirtin werden wolle. Dieser Wunsch erschien selbst ihrer Familie reichlich exzentrisch. Dennoch setzte sie sich mit ihrer Willensstärke durch und studierte Agrarwissenschaft an der University of Reading. Sie wurde eine der ersten Diplom-Landwirtinnen Europas. Zusammen mit ihrer Schwester Mary, die ebenfalls einige Kurse in Landwirtschaft belegt hatte, kauften sie in den Zwanzigerjahren einen heruntergewirtschafteten Bauernhof in Haughley Green, im englischen County Suffolk.

Da die beiden Frauen kaum Geld besaßen, musste vieles in Eigenarbeit geleistet werden. Die handwerklich begabte Mary zimmerte neue Hühnerställe, und Eve stellte eine Milchviehherde zusammen. Bald darauf zogen noch eine Journalistin, ein angehender Landwirt und die Agrarökonomin Kathleen Carnley auf die Farm ein. Die fünf Menschen lebten in einer ungewöhnlichen Wohn- und Arbeitsgemeinschaft, nicht nur weil Eve als Landwirtin Vegetarierin war, sondern auch deshalb, weil sich diese Gruppe mit künstlerischen Tätigkeiten zusätzliche

Linke Seite: Lady Eve Balfour kam aus einer aristokratischen Familie. Sie ließ allerdings die Konventionen hinter sich, studierte Landwirtschaft und lebte in einer Wohngemeinschaft mit Lebenskünstlern.

Erwerbsquellen erschloss. So gründeten sie eine Band, mit Eve als Flötistin und Saxofonistin. Außerdem spielten sie Theaterstücke und schrieben Kriminalromane. Lady Eve verfasste zudem Beiträge in landwirtschaftlichen Zeitschriften.

Die Komponistin Elisabeth Lutyens, eine Cousine von Eve und Mary, war immer wieder zu Gast und beschrieb einmal das Dasein in Haughley Green: »Ich liebte das Leben dort, frei und unkonventionell und beherrscht von der warmherzigen Kraft, die Eves Persönlichkeit bestimmte. Sie hatte ein ägyptisches Gesicht von großer Stärke und großem Charme, mit kurz geschorenem Haar und männlichem Verhalten, trotz eines weiblichen Herzens. Mit der Pfeife im Mund, in Hosen, streifte sie über das Farmgelände ... die bäuerlichen Helferinnen und andere Freundinnen wohnten ringsumher in hübschen Cottages und versammelten sich zu den Mahlzeiten alle im großen Esszimmer.«

Lady Eve Balfour war politisch engagiert und setzte sich für ein Ende der Ausbeutung der Bauern ein. So kämpfte sie erfolgreich gegen die jahrhundertealte Zehntenverordnung, die den Farmern große Abgabelasten aufdrückte. Und sie war davon überzeugt, dass ein enger Zusammenhang zwischen Bewirtschaftungsform, Bodenfruchtbarkeit und menschlicher Gesundheit existiert. Angeregt durch die Forstwissenschaftlerin M. C. Rayner, führte sie zu-

sammen mit Alice Debenham, einer Landwirtin und Ärztin, ab 1939 den ersten großen Langzeitfeldversuch durch, der unter dem Namen »Haughley Experiment« bekannt wurde. Dieser Versuch dauerte fünfundzwanzig Jahre, und während dieser Zeit verglich sie die Korrelationen von Bodenbearbeitung und Gesundheit der Pflanzen und Tiere. Sie bearbeitete die Felder nach verschiedenen Methoden und überprüfte die jeweiligen Resultate mit Bodenproben und der Gesundheit der Pflanzen. Von der Wissenschaft wurden diese Vorstöße belächelt. Ein Forscher, der dieses Projekt unterstützte, meinte, dass es für einen »Agrarwissenschaftler nicht gerade der beste Weg« sei, »die eigene wissenschaftliche Karriere zu fördern«, wenn man Lady Eve kennen und mit ihr zusammenarbeiten würde.

Lady Eve forderte staatliche Lebensmittelkontrollen, eine neue Bodenpolitik und Landwirtschaft als Schulfach. Ihre Erkenntnisse über den »lebenden Boden« publizierte sie in dem Buch *The Living Soil* (1943). Es wurde ein Bestseller. Sie baute auf diesen Erfolg auf, indem sie die »Soil Association« gründete und eine Zeitschrift mit dem Titel *Mother Earth* herausgab. Außerdem hielt sie auf der ganzen Welt Vorträge über »organische Farmarbeit«, immer gemeinsam mit ihrer Lebensgefährtin Kathleen Carnley. Beide lebten schließlich, zusammen mit vielen Katzen, in einem Cottage, das in der Nähe ihrer Farm lag. Im Alter von einundneunzig Jahren, kurz bevor Lady Eve 1990 starb, erhielt sie den »Order of the British Empire«, den britischen Verdienstorden. Zwei Tage nach ihrem Tod beschloss die englische Regierung, Subventionen an Betriebe zu zahlen, die ökologisch geführt werden.

Gründerin des ersten
Ländlichen Hausfrauenvereins

Elisabet Boehm

Warum wird die Tätigkeit der Ehefrau grundsätzlich nicht als Beruf anerkannt, schon gar nicht die einer Gutsfrau? Das war eine Frage, die Elisabet Boehm (1859–1943) beschäftigte. In ihren 1941 veröffentlichten Erinnerungen *Wie ich dazu kam* erzählte sie, dass eines Abends – es war in den Achtzigerjahren des vorigen Jahrhunderts –, bei einer Unterhaltung in ihrem Freundeskreis, die Bemerkung fiel, es sei der Mann, der die Frau ernähre. Ihr Mann teilte diese Ansicht, gab zu verstehen, dass er ebenfalls für den Lebensunterhalt seiner Frau sorgen würde, nur ihre Angestellten, also das Hausmädchen, die Wirtin oder die Köchin, kämen für sich selbst auf. Sie entgegnete: »Aber ich arbeite doch tüchtig, ich habe doch meinen großen Pflichtenkreis, der wichtiger ist als die Einzelarbeiten meiner Mädchen.« Elisabets Ehemann wie auch die Freunde waren aber der Überzeugung, dass diese Mädchen ihren Beruf hätten, sie als Ehefrau aber könnte keine Ausbildung vorweisen. Elisabet war empört. Sie bewirtschafte zusammen mit ihrem Mann ein Anwesen, argumentierte sie weiter, dadurch würde sie zum Lebensunterhalt beitragen. Wieso sollte ihre Arbeit dann nicht dieselbe Anerkennung wie die ihrer Angestellten oder die ihres Mannes erfahren?

Das Gut, das Elisabet und Otto Boehm gekauft hatten, hatte sich anfangs nicht in bestem Zustand befunden, eigentlich war es, genau genommen, ziemlich heruntergekommen gewesen. Elisabet musste deshalb kräftig mit anpacken, um es bewirtschaften zu können. Viel Vorwissen hatte sie nicht. Als 1859 geborene Tochter des Reichstagsabgeordneten Hermann Steppuhn, der zugleich Gutspächter in Ostpreußen war, hatte sie eine bürgerliche Erziehung

erhalten. Mit fünfzehn war sie – nach wenigen Schuljahren – damit beschäftigt, die Zeit bis zu einer standesgemäßen Heirat mit gesellschaftlichen Verpflichtungen zu überbrücken. Das hieß: an Geselligkeiten teilnehmen, sich standesgemäß kleiden und für die Aussteuer sorgen.

Zum Glück verfügte das ostelbische Gutshaus, in dem sie aufgewachsen war, über eine große Bibliothek. Sie verbrachte viel Zeit mit Lesen und ließ keine Gelegenheit aus, über das angeeignete Wissen zu diskutieren. Gesellschaftliche Anlässe nutzte sie, um mit ähnlich belesenen Herren über ein Buch, einen Schriftsteller oder einen Dichter ins Gespräch zu kommen. Sie ließ sich nicht mit Komplimenten über ihre Schönheit abspeisen, sondern verfolgte hartnäckig ihr Ziel, die Themen, die sie fesselten, zur Sprache zu bringen. Erst dann, wenn ihr das gelungen war, wurde es für sie ein vergnüglicher Abend.

Für höhere Töchter in Ostpreußen war es damals schwierig, eine entsprechende Ausbildung zu erlangen. Sie mussten viel Eigeninitiative zeigen, um ihre Bedürfnisse durchzusetzen. Elisabets Vorliebe für politische Unterredungen brachte ihr bald den Ruf einer »Emanzipierten« ein, nicht zu Unrecht, denn zusammen mit ihrer Schwester Tony las sie die Schriften der bürgerlichen Frauenbewegung. Immerhin wurde Elisabet von ihrem Vater unterstützt und gefördert. In langen Spaziergängen ließ er sich auf leidenschaftliche Diskussionen mit seiner wissbegierigen Tochter ein.

1880 heiratete sie schließlich den Landwirt Otto Boehm, da war sie einundzwanzig. Mit ihm zog sie auf das abgewirtschaftete Gut Lamgarben bei Rastenburg in Ostpreußen. Ein Jahr später kam Tochter Ellen zur Welt. Schon bald stellte Elisabet fest, dass ihr Mann über mehr landwirtschaftliche Kenntnisse verfügte als sie: »Als wir heirateten, verstand ich von

»Sollten wir nicht Hausfrauenvereine haben wie die Männer ihre landwirtschaftlichen Vereine?« – Am 2. Februar 1898 gründete Elisabet Boehm gemeinsam mit ca. 15 Frauen den ersten Landwirtschaftlichen Hausfrauenverein.

der Außenwirtschaft ungefähr so viel wie er. Das war anders geworden! Er hatte die Genossenschaftsmeierei begründet, er hatte die Dampfpfluggenossenschaft mit den Nachbarn ins Leben gerufen, er galt etwas im Kreise.« Ihr wurde klar, dass die autodidaktische Aneignung von Wissen, die sie weiterhin emsig betrieb, nicht so fruchtbar sein konnte wie eine organisierte Bildungsarbeit sowie der Austausch mit Gleichgesinnten. Als sich die Bauern und Gutsbesitzer zum überregionalen »Bund der Landwirte« zusammenschlossen, war sie von dieser Idee begeistert, gleichzeitig aber auch enttäuscht, da die Landfrauen in ihm überhaupt nicht vertreten waren.

In Elisabet Boehm reifte ein Gedanke heran: »Sollten wir nicht Hausfrauenvereine haben wie die Männer ihre landwirtschaftlichen Vereine hatten?« So kam es, dass sie mit ungefähr fünfzehn Frauen am 2. Februar 1898 einen Landwirtschaftlichen Hausfrauenverein gründete. Als Emblem wählte sie die Biene, die bis heute Symbol der Landfrauenvereine ist. Das Insekt steht für Fleiß, Ausdauer, Tüchtigkeit und Gemeinschaftsgefühl.

Das Vereinsziel bestand darin, Aus- und Weiterbildungsmöglichkeiten für Landfrauen zu schaffen, bessere Vermarktungsstrategien zu entwickeln, die Gegensätze zwischen Stadt und Land zu überbrücken und die Anerkennung der hauswirtschaftlichen Arbeit als Berufsarbeit zu erwirken. Diese Forderungen waren revolutionärer, als es heute erscheint. Landfrauen sollten zudem durch eigene Betriebszweige zum Einkommen beitragen, die Erträge sollten ihnen aber auch

eine gewisse finanzielle Unabhängigkeit ermöglichen. Außerdem wurde der Absatzmarkt ausgeweitet, indem der Verein eigene Verkaufsstellen gründete. Die Landfrauen waren nun stolz, dass sie aus ihrer Arbeit einen Gewinn erzielten.

Rasch kam es zu weiteren Vereinsgründungen, und 1916 folgte der Zusammenschluss zum Reichsverband Landwirtschaftlicher Hausfrauenvereine (RLHV), Vorsitzende war Elisabet Boehm. Das blieb nicht ohne Auswirkungen: In den Landwirtschaftskammern richtete man Abteilungen für ländliche Hauswirtschaft ein, und im Landwirtschaftsministerium ein Frauenreferat. Nur in katholischen Regionen wie in Bayern entwickelte sich hartnäckiger Widerstand gegen diese Erneuerungen. Rückblickend konstatierte Elisabet, dass ihre Bemühungen um die bayerischen Frauen auch nach siebzehn Jahren erfolglos blieben. Als am Chiemsee ein Landwirtschaftlicher Hausfrauenverein gegründet werden sollte, ging der

Ortsgeistliche von Haus zu Haus und ließ sich von jeder Bäuerin versprechen, dass sie diesem »Ketzerverein« nicht beitreten würde. Erst 1926 wurde im Freistaat ein Landesverband ins Leben gerufen.

Als Elisabet darauf drängte, dass sich der Landwirtschaftliche Hausfrauenverein dem Bund Deutscher Frauenvereine anschließen sollte, einer Dachorganisation der bürgerlichen Frauenbewegung, kam es zu Konflikten. Viele waren gegen einen Beitritt, weil die Pionierinnen dieser Frauenbewegung Akademikerinnen waren. Die tonangebenden Landfrauen stammten zwar vorwiegend aus dem ländlichen Adel, aber sie verfügten keineswegs über eine gleichwertige Bildung. Deshalb befürchteten sie, dass sie in einem solchen Umfeld nicht in der Lage seien, ihre Interessen durchzusetzen. An dieser Meinungsverschiedenheit drohte die Landfrauenbewegung zu zerbrechen. Elisabet

wurde als »Blaustrumpf«, als »Emanze« abgestempelt, und nach einer Verbandssitzung mit Abstimmung der Beitritt schließlich strikt abgelehnt – was die »Emanze« nicht daran hinderte, weiterhin ihr Ziel zu verfolgen. Ihre Hartnäckigkeit zeigte Erfolg, denn 1920 konnte sie dann doch noch den Anschluss an den Bund Deutscher Frauenvereine durchsetzen.

Mit ihrem unermüdlichen Engagement hatte sie großen Anteil daran, dass aus den einstigen Landwirtschaftlichen Hausfrauenvereinen einer der größten Frauenverbände wurde. Indem sie Verbindungen zu mächtigen agrarpolitischen Gremien geschaffen und gepflegt hatte und sich von der bürgerlichen Frauenbewegung inspirieren ließ, war ihre Doppelstrategie aufgegangen. Zudem sorgte sie durch zahlreiche Veröffentlichungen und Vorträge für das Bekanntwerden der Landfrauenvereine.

*Linke Seite: Camille Pissarro (1830–1903), »Die Ährensammlerin-
nen«, 1889, Kunstmuseum Basel.*

Trotz dieser Verdienste muss ihre Lebensleis-
tung kritisch gesehen werden. Wie viele ländliche
Funktionäre stand sie nämlich dem Nationalsozialismus früh positiv gegenüber und wirkte aktiv mit, die
Ziele der Nazis zu verwirklichen. 1929, an ihrem
siebzigsten Geburtstag, war sie zwar als Vorsitzende
des Landfrauenverbands zurückgetreten, aber sie
nahm die Zügel wieder in die Hand, als sie 1933 von
»Reichsbauernführer« Walter Darré zur kommissa-
rischen Leiterin des Reichsverbands der land-
schaftlichen Hausfauenvereine ernannt wurde.
Zuvor hatte Darré die neu gewählte Vorsitzende
Maria Gertrud von Bredow entlassen, die sich weit-
sichtig und deutlich gegen Hitler ausgesprochen und
ihre Meinung auch publiziert hatte. Ganz im Sinne

der nationalsozialistischen Ideologie führte Elisabet
Boehm 1934 den Verband der landwirtschaftlichen
Hausfrauenvereine in den »Reichsnährstand« über,
eine ständische Organisation der nationalsozialistischen Agrarpolitik. Deren Vorstellungen entsprachen auch ihren eigenen Überzeugungen. Ihre natio-
nale, antidemokratische und auch antisemitische
Haltung hatte sich schon vor 1933 gezeigt. Mit der
»Gleichschaltung« hatte sie die Eigenständigkeit der
Landfrauen preisgegeben. Als »Bauernführerinnen«,
wie die Vorsitzenden nun hießen, hatten sie in der
Männergesellschaft nicht mehr viel zu sagen. Welch
grausames Regime sie unterstützt hat, ist ihr wohl
zeitlebens nie richtig bewusst geworden. Sie starb
am 30. Mai 1943 dreiundachtzigjährig in Halle.

KAPITEL IV

Wie sich die Arbeit der Landfrau veränderte

In den letzten zweihundert Jahren veränderte sich die Arbeit auf dem Land gewaltig. Im 19. Jahrhundert ernteten die Frauen noch Hand in Hand mit den Männern das Getreide oder versorgten das Vieh im Stall. Maschinen gab es lange Zeit nicht, und so wurden das ganze Jahr hindurch mit Beginn der Helligkeit bis spät in den Abend hinein notwendige Tätigkeiten verrichtet. Einzig die Bauern saßen nach Beendigung ihres Tagwerks auf einer Bank und rauchten hin und wieder eine Pfeife, während die Bäuerinnen und Mägde im Sommer Obst einmachten und im Winter strickten, Kissen mit Gänsefedern füllten oder Flachs zu Garn spannen.

Während der beiden Weltkriege im 20. Jahrhundert zeigte sich, dass die Frauen die Höfe am Laufen halten konnten, während die Bauern als Soldaten eingezogen waren. Besonders während der Zeit des Nationalsozialismus lastete auf ihnen eine große Verantwortung, da die Machthaber sie nicht nur ideologisch überhöhten, sondern ihnen mit Ausbruch und Anhalten des Krieges auch die Ernährungsgrundlage der Bevölkerung aufbürdeten. So hatten sie, um dem um sich greifenden Hunger in den Städten entgegenzuwirken, fast jeden Liter Milch abzugeben, auch die eigenen Tiere durften sie nicht mehr selbst schlachten und mussten bestimmte Feldfrüchte anbauen. Trickreich umgingen die Bäuerinnen die Auflagen und Verbote, indem sie nachts heimlich Schweine abstachen, Kühe molken, bevor der Kontrolleur kam, oder schwarz Bier brauten.

Nach 1945 waren die Gebiete in Ostpreußen weggefallen und die Menschen von dort in den Westen geflohen. Mit weniger Land mussten mehr Menschen versorgt werden. Die Frauen auf den Höfen arbeiteten hart. Als endlich Maschinen eingesetzt werden konnten, ging es schließlich aufwärts. Doch auch die Landfrauen selbst sollten einer »Modernisierung« unterzogen werden. Die Agrarpolitiker der Bundesrepublik stellten sie sich als ländliche Hausfrauen mit Putzlappen vor, während sie den Männern das Feld überlassen sollten. Das gefiel ihnen partout nicht. Sie waren schließlich Bäuerinnen – und setzten sich lieber auf den Traktor, als das Haus auf Hochglanz zu wienern.

Ähnlich sahen es die Frauen in der DDR, zumal die Staatspartei den Einsatz der weiblichen Mitglieder in den Landwirtschaftlichen Produktionsgenossenschaften förderten und wann immer sie konnten hervorhoben. Den einstigen Privatbäuerinnen aus vollem Herzen genügte das aber nicht. Sie bewirtschafteten noch nach Feierabend ein kleines Stück Boden nach eigenen Vorstellungen und verdienten sich so zusätzliches Geld. So konnten sie sich manchen Extrawunsch erfüllen.

Die Frau bekommt zu essen, aber keinen Lohn

Der Traum von der eigenen Kuh und dem eigenen Garten

Auf den großen Gütern in Ostpreußen hatte die Getreideernte begonnen. Frauen und Männer in heller Kleidung arbeiteten emsig auf den Feldern. Der Mäher schnitt mit kräftigen und ausladenden Schwüngen das Korn, und die Binderin hinter ihm schnürte es mit geübten Griffen zu einer Garbe. Immer paarweise wurde gearbeitet. An seinem Hut trug der Schnitter einen kleinen Strauß aus gelben Lupinen, weißen Nelken und roten Wicken aus dem Bauerngarten. Seine Partnerin hatte ihn gebunden. Auch alle anderen Männer hatten ein ähnlich blühendes und duftendes Büschel von ihren Binderinnen angesteckt bekommen. Die Arbeit ging zügig voran. Den Schluss bildeten die Erntehelfer, die die Garben aufrecht hinstellten, damit diese schneller und einfacher aufgeladen werden konnten.

Die meisten landwirtschaftlichen Arbeiten wurden im 19. Jahrhundert noch von Hand ausgeführt, sodass man viele Leute auf den Feldern brauchte. Besonders zur Ernte, der arbeitsintensivsten Zeit des Jahres, wurden auf den größeren Höfen zusätzlich Saisonkräfte herangezogen. Die Magd Regina Lampert (1854–1942), deren Jugenderinnerungen unter dem Titel *Die Schwabengängerin* veröffentlicht

sind, erlebte das seit ihrer Kindheit. Sie stammte aus dem Vorarlberg, und da ihre Eltern nur kleine Bauern waren, musste sie mit zehn Jahren wie viele andere Jungen und Mädchen während der Sommermonate nach Oberschwaben in den Dienst gehen, um Geld für die Familie zu verdienen. Ihr Vater brachte sie an den Bodensee, nach Friedrichshafen auf den Kindermarkt, wo sich die Großbauern mit skeptischem Blick Hirtenkinder und Dienstboten aussuchten.

Einer dieser Landwirte war nicht nur an Regina als Gänsemagd, sondern auch an den Eltern als Erntehelfer interessiert, wie sie sich erinnerte: »Er fragte den Vater: ›Können Sie mähen, Korn, Gerste und Hafer mähen?‹ ›Ja‹, sagt der Vater, ›ich kann gut mähen. Aber Korn habe ich noch nie gemäht, bei uns schneidet man das Korn, Gerste und Hafer mit der Sichel. Aber 's wird keine so große Kunst sein, wenn man gut mähen kann, kann man sicher auch Korn mähen.‹« Der Bauer handelte mit dem Vater den Lohn aus und sagte ihm, er solle in vier bis fünf Wochen zur Ernte kommen und seine Ehefrau mitbringen: »Sie könnt am Vormittag helfen Höcker machen. Das heißt, hinter jedem Mähder muss eine Person das Korn vom Boden aufnehmen und Höckerle machen, und am Nachmittag kann sie Ähren lesen.

Da bringt sie hübsch Korn zusammen. Und die Kleine darf jeden Tag der Mutter ein paar Stunden helfen. Die Frau bekommt zu essen, aber natürlich kein Lohn. ›Gefällt Ihnen das?‹ – ›Es gefällt mir, aber ich möchte es doch zuerst meinem Weib sagen, ob sie einverstanden ist.‹«

Regina war glücklich, als ihre Eltern einige Wochen später zur Ernte auf dem Hof in Oberschwaben eintrafen. Sie hatte so alleine in der Fremde schreckliches Heimweh gehabt. Und bis sie im Herbst wieder nach Hause durfte, war es noch eine lange Zeit. Der Bauer lud die Weitgereisten zum Essen in die Stube ein und besprach mit ihnen, was zu tun wäre. Um vier Uhr morgens sollten sie anfangen. Acht Männer würden noch dazustoßen. Und zu jedem Mann würde sich eine Magd oder eine Tagelöhnerin gesellen.

Die Menschen wussten, wie anstrengend die Arbeit war, aber dennoch sahen sie der Ernte auch mit Vorfreude entgegen. Regina berichtete über den Vortag der Ernte, einen Sonntag: »Dann sind wir spazieren auf die Felder, die so schön waren überall mit dem schönen Korn, Gerste und Roggen. Die Ähren bogen sich, so voll und schwer sind (sie), das war eine Pracht. Wenn das Wetter weiters so schön bleibt, so kann es eine gute Ernte geben.«

Am nächsten Morgen war es dann so weit. Die Männer mähten das Getreide, und hinter jedem Kornschneider legte eine Frau das Korn zu einem »Höckerle«, einem Häufchen, zusammen. Bis die Sonne am Himmel stand, war einiges geschafft. »Um halb neun«, erinnerte sich Regina, »musste ich, das war meine Hauptarbeit, mit einem kleinen Handwä-

gele das Neune-Essen bringen. Es bekamen alle reichlich Wein und Most, Brot, Schweizerkäs, Rettig, harte und weiche Eier. Ich musste immer laufen mit dem Trinkkrug, wenn's so sehr heiß ist.«

Bis zum Mittagessen wurde weiter geschnitten, danach gab es eine Ruhepause von eineinhalb Stunden. Anschließend trug man die Kornhaufen zusammen. Im Gegensatz zu den östlichen Gebieten waren es in Oberschwaben die Männer, die die Garben banden.

War das Getreide eingebracht, gab es ein kleines Fest. Die Bäuerin und die Köchin hatten schon eine Woche vorher ganze Körbe voll »Küchle« und Krapfen gebacken: »Alles ist lustig und fröhlich, sogar mein Vater und die Mutter sind lustig geworden. Der Bauer und die Bäuerin haben gebeten, der Vater und die Mutter sollen doch auch ein Tanz aufführen. Zum ersten Mal hab ich den Vater und die Mutter tanzen gesehen, und zwar der Schuhplattler konnten beide so gut tanzen, immer und immer wieder mussten die zwei tanzen.« Nach dieser Ernte kehrten die Eltern von Regina nach Hause zurück, um wenige Wochen später, als das nächste Getreide reif war, dem Bauern erneut zu helfen, so wie es abgemacht war.

Gefeiert wurde auch auf den großen Gütern in Ostpreußen, wenn die Ernte eingebracht war. Dann

banden alle, die auf den Feldern gearbeitet hatten, aus verschiedenen Getreidesorten eine große Krone, die sie mit bunten Bändern schmückten – sichtbarer Ausdruck ihrer Arbeit, die sie mit Stolz erfüllte. Sie wussten, wie wichtig ihre Tätigkeit war. Die Krone überreichten sie dem Gutsherrn, oft mit einem Vers, der deutlich machte, dass dieser jetzt im Gegenzug etwas zu erbringen hätte, nämlich ein Fest, bei dem es reichlich zu essen und zu trinken gab. Die Schuld wurde selbstverständlich beglichen. Für das Erntedankfest schlachtete man Schweine und zahlreiche Hühner, dazu kamen Bier und Wein in großen Mengen auf den Tischen. Nach den üppigen Speisen spielten Musikanten auf. An diesem Tag wurden die Standesunterschiede vergessen, jeder tanzte mit jedem, der Gutsherr mit den Mägden und die Gutsherrin mit den Knechten.

Was eine Frau auf dem Land zu arbeiten hatte, fasste einmal Augusta Gillabert-Randin (1869–1940) zusammen, die 1918 den ersten schweizerischen Bäuerinnenverein gründete. Sie listete ihre erbrachten Leistungen im Verlauf von dreißig Jahren auf. »23 400 Brote und 7890 Wähen« hatte sie gebacken. »2800 Hühner aufgezogen und für 15 000 Fr. (Franken) Eier verkauft, 180 Schweine gemästet und 131 000 Mahlzeiten mit Schweinefleisch bereitet, insgesamt 56 990 Essen gekocht und serviert (nicht einberechnet 90 Einladungen, 30 Familienfeste, 4 Hochzeits- und 9 Taufmahlzeiten), 9600 Stunden auf dem Markt gestanden und für 78 000 Fr. Produkte verkauft, 5950 Kilogramm Früchte zu Konfitüre eingekocht und 2400 Konserven, 1000 Liter Wein und 2000 Liter Sirup bereitet, 1350 Kilogramm geschälte und 5000 ungeschälte Äpfel und 28 000 Kilogramm Bohnen getrocknet. 494 Frauen- und Männer- und 200 Kinderkleider genäht, 224 Paar Socken gestrickt, 132 Herrenhemden angefertigt, 43 680 Stunden geputzt, abgestaubt und gewaschen, fünf Kinder großgezogen, die Buchhaltung besorgt und sich theoretisch und praktisch in die verschiedensten Fächer der Landwirtschaft eingearbeitet und weitergebildet.« Dazu vermittelten Lehrbücher

das nötige Wissen, wie zum Beispiel ein Ratgeberbuch von 1879 mit dem Titel: *Brevier der Landwirthin. Ratgeber für Hausfrauen auf dem Lande, deren Töchter und Stellvertreterinnen sowie für Solche, denen die Führung einer größeren Landwirthschaft obliegt.*

Während die Männer längst ihren Feierabend genossen, waren die Frauen immer noch am Tun und Machen. So schilderte ein 1905 geborener Schweizer: »Am meisten arbeiteten die Frauen. Sie waren die Ersten, die aufstanden am Morgen, und die Letzten, die ins Bett gingen ... Die Männer saßen auch manchmal auf der Bank und rauchten eine Pfeife. Meine Mutter sah ich nie irgendwo sitzen und nichts tun. Wenn sie keine andere Arbeit hatte, strickte sie.«

Mehr Freude als Pflicht war für die Bäuerin besonders des 19. Jahrhunderts, aber auch des 20. Jahrhunderts die Pflege des Gartens. Dieser war ihr Aushängeschild und oft ihr ganzer Stolz. Ein blühender Bauerngarten war der sichtbare Nachweis ihrer Tüchtigkeit und ihres Könnens, denn er war ihr alleiniges Refugium. Kam Besuch, so führte kein Weg am Garten vorbei. Vor allem den weiblichen Gästen wurden die Gemüsevielfalt und die Blumenpracht gezeigt, was auch ausgiebig und interessiert bewundert wurde. Hatte doch jede von ihnen zu Hause auf dem eigenen Hof ebenfalls Pflanzenbeete, in die sie ihren ganzen Ehrgeiz steckte.

Unermüdlich wurde damals auf dem Land gearbeitet, rund ums Jahr. Im Winter, wenn es draußen auf dem Feld nichts zu tun gab, war es am schönsten, wenn alle Frauen zusammensaßen oder sich bei anderen Bauersleuten in der Stube trafen. Dann wurde gesponnen, gestrickt oder es wurden Federn geschlissen. Dabei entfernte man den Federkiel, um schöne weiche Daunen für Kopfkissen und Oberbetten zu haben.

Die Kinder waren dabei, es wurde viel gelacht und gesungen. Dennoch musste ein großes Pensum geschafft werden. In manchen Gegenden beteiligten sich in dieser dunklen Jahreszeit auch die Männer bei den Handarbeiten. In Schleswig-Holstein war es bis zur ersten Hälfte des 19. Jahrhunderts üblich, dass diese strickten. So fertigten sie auf den Halligen »wollene Jacken, Unterjacken, lange Kniestrümpfe, Zipfelmützen, Handschuhe und Halstücher« an. Und im Artland, im heutigen Landkreis Osnabrück, bekamen die Knechte die Aufgabe, Garn zu spinnen.

Einen lebendigen Einblick in frühere ländliche Lebenswelten als Tagelöhnerin geben die Aufzeichnungen von Maria Dorfmann, die 1831 in Barbian zur Welt kam, im Eisacktal in Südtirol. Sie schrieb in den Jahren 1916 und 1917 ihre Erinnerungen auf Bitten des Arztes Reinhold Zingerle nieder, bei dem sie einige Jahre im Dienst war. Nicht unbedingt freudig. »Also, in Gottesnamen« – mit diesen Worten beginnt sie ihre Aufzeichnungen. Das Schreiben falle ihr nicht leicht, fährt sie fort, immerhin sei sie bereits fünfundachtzig Jahre alt, und ihre Sehkraft habe stark nachgelassen, »halb blind« verfasse sie ihre Niederschrift.

Marias Eltern waren »arme Leut«. Als sie vier war, starb ihr Vater, sodass die Mutter, gerade achtundzwanzig geworden, sich und ihre drei Kinder alleine durchbringen musste. Aus diesem Grund wurde Maria mit acht Jahren den

Sommer über zu einem Bauern geschickt, um ihm zu helfen. Im Winter blieb sie bei ihrer Mutter und besuchte die Schule, bis sie zwölf war. Danach arbeitete sie das ganze Jahr hindurch für den Bauern. Sie war für das Füttern der Kühe zuständig, und dieser Tätigkeit ging sie zehn Jahre nach. Danach begann ein wechselhaftes Arbeitsleben. Zunächst kam sie als Dienstmagd bei einem Bäcker unter. »Do hon i alle Toge müssen Brodbachen helfen«, schreibt sie.

Warum sie nach einem Jahr den Bäcker verließ, erklärt sie nicht. Vielleicht hatte sie Sehnsucht nach den Tieren, denn sie nahm wieder eine Stelle bei einem Bauern an, um bei ihm die Kühe zu füttern. Auf dem Hof blieb sie aber auch nur ein Jahr. Über diese Zeit hält sie fest: »Der Baur und die Bäurin hobn mi nöt wolln fortlossn. Aber es sind neun Dienstboten gwest, von olla (aller) Weltgegenden zusom. Ruhe und Friedn ist nie kona (keiner) gwesen.« Schließlich trat sie – da war sie sechsundzwanzig – in Diensten von Schloss Summersberg an, wo sie erneut die Kühe füttern sollte. Doch in diesen alten Gemäuern ging es nicht mit rechten Dingen zu: »Dort hon i an Burggeist spazieren gehn ghört, ganz deutlich.« Kurze Zeit später wurde das Schloss verkauft. »Nachher ist der Geist nimmer kommen, sobald das Schloss verkauft wordn ist.« Ob der Besitzerwechsel für einen weiteren Stellenwechsel ausschlaggebend war, erfährt man nicht.

Sie kehrte zum Bäcker zurück und blieb dort, bis sie 1858 Seppl Dorfmann heiratete, der als Köhler arbeitete. Sein Lohn war sehr gering, und Maria nahm deshalb verschiedene Arbeiten als Wäscherin, Köchin oder auch als Tagelöhnerin an. Einen Winter lang flickte sie Kohlensäcke. Dies musste nachts geschehen, weil die Säcke tagsüber wieder gebraucht wurden.

Wie so viele zur damaligen Zeit träumte sie davon, ein eigenes Stück Land zu erwerben. Sie lieh sich Geld von ihrer Mutter, auch hatte sie einiges Erspartes. Es reichte schließlich, um ein Häuschen zu kaufen, zu dem auch etwas Wiesengrund und Ackerland gehörten. In den Stall stellte sie drei Ziegen. Später kam sogar noch eine Kuh dazu. Maria war stolz auf ihren kleinen Besitz und arbeitete viel, um die Schulden abzahlen zu können. Aber es ging ihr gut. Sie hatte für sich, ihren Seppl und die gemeinsame Tochter Milch und Schmalz und ein Dach über dem Kopf. Sie musste nicht wie viele andere Tagelöhnerinnen in einer Großfamilie in beengten Verhältnissen leben und ihr Bett teilen. Da im 19. Jahrhundert auf dem Land große Armut herrschte, mussten viele Frauen ihr Geld als Tagelöhnerin verdienen, meistens diejenigen, die eine eigene Familie hatten. Unverheiratete Frauen dienten als Magd und wohnten beim Bauern.

Maria war ein einfaches Leben gewohnt. Die Arbeit im Stall mit den Kühen und die Feldarbeit waren ihr vertraut. Ihre Welt war eine bäuerliche. Als der neue Besitzer einer nahe gelegenen Burg, der zudem auch noch Professor war, also ein Gelehrter, sie fragte, ob sie nicht sein Haus und den Garten versorgen könne, erschrak sie. Die Standesunterschiede waren ihr zu groß: »Oh noa, i geh nött, hon i gsagt, mit Herrschaften konn i nött umgehn. I bin a alte Kühe-Füetterin und bin viel zu dumm, und im Gorten versteh i nichts.« Gartenarbeit, damit kannte sie sich nicht aus. Das war etwas für die reichen Bauersfrauen. Die hatten sogar Blumen in ihrem Garten. Sie selbst baute nur ein paar Kartoffeln und Rüben auf ihrem kleinen Acker an. Aber dann nahm sie diesen Dienst doch an. Sie kümmerte sich ums Haus und gewöhnte sich wohl auch an die Aufgaben, die ein Garten erforderte.

Als die Bäuerin der Bauer war

Kriegszeit

Die Bäuerin streikte. Sie hatte genug davon, die harte Arbeit nur mit Unterstützung ihrer Schwägerin zu bewältigen. Ihr Mann war im Krieg. Und sie hatte neben der Landwirtschaft noch ihr Baby zu versorgen. Es reichte, selbst wenn die nationalsozialistische Propaganda »die schärfste Anspannung der deutschen Landfrau unter rücksichtsloser Aufbietung auch der letzten Kraft« verlangte. Ihr Ziel war eine Befreiung des Mannes vom Kriegsdienst. Um ihrer Forderung Nachdruck zu verleihen, verließ die Bäuerin mit ihrer Schwägerin und dem kleinen Kind für einige Tage den Hof. Sie wusste, dass die Machthaber auf jeden nicht als Soldat eingezogenen Bauern und jede Bäuerin angewiesen waren, da die Ernährungssituation immer kritischer wurde. Die zuständigen landwirtschaftlichen Behörden gingen aber nicht auf ihr Ersuchen ein, sondern ordneten eine Notbetreuung durch die Nachbarn an und stellten einen Erntehelfer ein. So blieb ihr nichts anderes übrig, als zurückzukehren und weiter ohne ihren Ehemann zu wirtschaften. Als Erntehelfer wies man ihr einen Zwangsarbeiter aus den besetzten Gegenden zu. Ohne diese Menschen aus Polen, der Ukraine oder Frankreich wäre die Landwirtschaft schon Ende 1940

kaum überlebensfähig gewesen und hätte die dringend benötigten Nahrungsmittel nicht mehr bereitstellen können.

An Fremdarbeiter erinnern sich auch Maria und Kreszenz (Zenzi) Pauli, zwei ledige Schwestern aus dem Bayerischen Wald, die bis ins hohe Alter ihr Anwesen gemeinsam bewirtschafteten. In ihren biografischen Skizzen *Schwalbennester* erzählen sie vom Zweiten Weltkrieg, einer Zeit, in der sie noch Kinder waren: »Da hat es geheißen von der Gemeinde, es dürfen sich die Bauern gefangene Franzosen holn, die sind unten gwesn in der Edelmühle in einem Lager. Dann hat der Bürgermeister vom Dorf ... vier Franzosen gholt, und a jeder hat sich an Franzosn gnommen und der unsere ist a recht a Feiner gwesn. Die andern haben gsagt, also von der Landwirtschaft is der net, und den haben's dann uns gebn. Dabei haben mir an ganz berühmten Bauern kriegt, der Pferd auf die Welt bracht hat und a halber Tierarzt is schon gleich gwesn.« Die Zwangsarbeiter waren oft gut ausgebildete Menschen, die nun zum Knecht degradiert wurden.

Als sich die Versorgungslage während des Krieges immer mehr verschlechterte, wurden unter dem schon 1934 entwickelten Konzept »Erzeugungs-

Mit Kriegsbeginn übernahmen die Frauen die Verantwortung auf den Höfen, denen im Krieg Zwangsarbeiter und Kriegsgefangene zur Aufrechterhaltung des Betriebs zugewiesen wurden.

schlacht« den Bauern noch größere Leistungen abverlangt: So erhöhten sich für sie die Produktionsanforderungen und Zwangsabgaben, verbunden mit ständigen Kontrollen, dass auch alles eingehalten wurde. Eine Direktvermarktung von ländlichen Erzeugnissen war nun strengstens verboten. Man beschlagnahmte Zentrifugen und Butterfässer, um die Milchlieferungen zu sichern. Eine Bäuerin aus Westfalen-Lippe erinnerte sich: »In der Kriegszeit hat natürlich jeder schwarzgebuttert. In der Zentrifuge war so eine kleine Trommel, die durch die Geschwindigkeit die Sahne von der Milch trennte. Diese Trommel musste man abgeben. Aber es hatte noch fast jeder irgendwo etwas, was da wieder reinpasste, sonst wurde sich das ausgeliehen. Wir hatten auch einen patenten Schreiner, der hat für die Milchkannen einen Stampfer mit Löchern gemacht, mit einem Deckel, da kam die Sahne rein, und dadurch hatte man auch wieder Butter.«

Man kannte aber auch noch weitere Tricks, um die Auflagen der Nationalsozialisten zu umgehen. Vieh und Ernteerträge wurden während des Krieges versteckt, bestimmte Personen »geschmiert«, damit sie nichts verrieten. Die Kühe hatte man bereits vorgemolken, ehe der Kontrolleur eintraf. Schlachtungen fanden nachts statt. Doch die Angst, dabei entdeckt zu werden, war sehr groß, denn die angedrohten und auch durchgeführten Strafen fielen immer drastischer aus. Auf Vergehen gegen die Lebensmittelabgaben stand in den letzten Kriegsjahren sogar die Todesstrafe.

Die niederbayerische Bäuerin Anna Wimschneider ließ sich davon nicht beeindrucken, sie schlachtete weiterhin schwarz. Da ihr Mann an der Front war, musste sie, wie viele andere Frauen auch, das Metzgern auf dem Hof übernehmen, vielfach mithilfe der alten Bauern, die nicht als Soldaten eingezo-

gen waren. Anna schrieb in *Herbstmilch*: »Der alte, zittrige 70 Jahre alte Onkel Albert sagte, ich hau die Sau mit einer schweren Hocka auf den Kopf, woaßt, richtig aufs Hirn, und wenns dann liegt, stichsts du glei ab.« Da der Stall an der Straße lag, mussten sie bei ihrem geheimen Tun vorsichtig sein. Niemand durfte davon erfahren: »Onkel Albert zitterte vor Aufregung noch mehr als ich. Wir gingen zu zweit in den Stall, das kam der Sau schon ganz komisch vor, und sie lief vor lauter Aufregung in einem Schwung und Tempo um den Stall. Ich fürchtete, sie lauft mir den alten Onkel um, da auf einmal schlug er zu. Mein Gott, die Sau schrie, was sie konnte, der hatte sie richtig aufs Ohr geschlagen. Ich legte das Messer weg und sagte, schau, dass du schnell hinauskommst, bevor sie dich umläuft. Dann nahm ich die Axt, und nach ein paar Mal Um-den-Stall-Rennen gelang es mir doch, sie bewusstlos zu schlagen. Dann wars aus mit der Sau.« Den Rest – Brühen, Saubermachen und Ausnehmen – erledigte Anna allein.

An einem anderen Tag ging bei ihr das Schwarzschlachten beinahe schief. Sie hatten gerade wieder

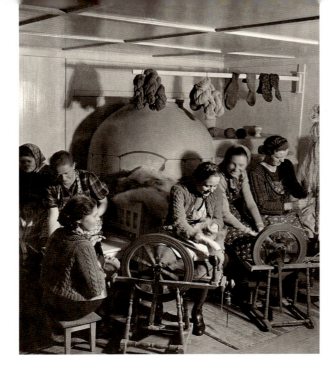

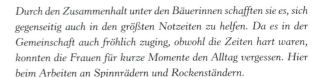

Durch den Zusammenhalt unter den Bäuerinnen schafften sie es, sich gegenseitig auch in den größten Notzeiten zu helfen. Da es in der Gemeinschaft auch fröhlich zuging, obwohl die Zeiten hart waren, konnten die Frauen für kurze Momente den Alltag vergessen. Hier beim Arbeiten an Spinnrädern und Rockenständern.

eine Sau abgestochen, als ein Polizist auf dem Hof erschien. Der dort eingesetzte Fremdarbeiter berichtete dem Beamten vom unerlaubten Metzgern und auch davon, dass Anna Wimschneider ihr Bier selbst brauen würde. Sie schilderte diesen brenzligen Moment: »Ich konnte es nicht ableugnen, ließ den Polizist vom Bier kosten und gab ihm ein Stück Schweinefleisch. Dann sagte der zum Polen, sei froh, wenn du zum Essen genug hast. Du kennst die Not nicht, die andere Leute haben. Unser Bier hat dem Polizist auch geschmeckt. Weil es nur für unseren Gebrauch war, hat er uns dann nichts gemacht.«

Die Bäuerinnen mussten im Zweiten Weltkrieg ihre Aufgaben nicht nur ohne ihre Männer, sondern auch unter erschwerten Bedingungen erledigen. So wurden die besten Pferde vom Militär beschlagnahmt, weshalb es den Frauen im Alltag an Zugtieren fehlte. Ihnen blieb dann keine andere Wahl: Sie mussten wieder mühsam mit Kühen oder Ochsen arbeiten. Eine Bäuerin aus Hessen machte da ihre ganz eigenen Erfahrungen: »Wir haben eine (Kuh) gehabt, die ließ sich nicht lernen, sodass wir sie verkauften. Wenn wir sie brauchten, dann hat sie sich hingeschmissen. Hat sich einfach hingelegt. Die war so störrisch, mit der konnte man nichts anfangen.«

Auch die hochschwangere Anna Wimschneider erzählte über Schwierigkeiten beim Umgang mit Ochsen: »Eines Tages musste ich aufs Feld, um die Kartoffeln mit dem Pflug anzuhäufeln. Vier Wochen

waren es noch zur Entbindung. Da gingen mir die Ochsen durch. Weil ich die Leine um die Hand gewickelt hatte, konnte ich mich auch nicht freimachen, und so schleppten mich die Ochsen, ich war zu Fall gekommen, quer über die Furchen, gut hundert Meter weit auf dem Bauch dahin. Hinter mir den Pflug, der mich unweigerlich erfasst und schwer verletzt hätte, wenn ich losgekommen wäre. Endlich ging es bergauf, und meine einzige Rettung war, dass die Ochsen nun langsamer wurden und ich auf alle Fälle auf die Füße kommen musste, um sie anzuhalten. Mit aller Kraft raffte ich mich schnell auf, und nun konnte ich sie in einen Bogen zwingen, so dass sie im Kreis liefen und schließlich anhielten. Ich sah furchtbar aus. Erde, Gras, Kartoffelstauden, alles hing an mir herab, meine Schürze war zerrissen, Hände und Arme aufgeschrammt. Es war schrecklich, ich dachte an mein Kind und hatte Angst. Aber nun ergriff mich ein wilder Zorn, und ich zwang die Ochsen erst noch zur Arbeit, auf und ab das Feld, immer wieder, bis ihnen die Zunge heraushing und sie schweißnass waren.« Ihrem Kind war glücklicherweise nichts geschehen. Am nächsten Tag ging sie aber zum Wehrbezirkskommando und forderte eine Arbeitskraft an, die ihr nur aufgrund ihrer Hartnäckigkeit bewilligt wurde.

Als wäre es nicht anstrengend genug: Die Nationalsozialisten propagierten zudem alte, längst nicht mehr praktizierte landwirtschaftliche Anbauweisen und Arbeitstechniken. Um von Baumwollimporten unabhängig zu werden, musste auf einmal Flachs angepflanzt werden, was man längst nicht mehr getan hatte. Die Bäuerinnen sollten wieder Garn spinnen. Zudem sollten sie Schafe halten, um Wolle zu gewinnen. Ebenso wurde der Befehl ausgegeben, vermehrt arbeitsintensive Hackfrüchte wie Rüben und Kartoffeln anzubauen, um die Ernährungs-

grundlage zu sichern. Maschinen, die die Arbeit hätten erleichtern können, gab es kaum, weil sich alles auf die Rüstungsindustrie konzentrierte.

Die Bäuerinnen waren durch die neu an sie gestellten Ansprüche bald am Ende ihrer Kräfte. Sie entsprachen keineswegs dem nationalsozialistischen Idealbild, das von ihnen verbreitet wurde: »Rassig, gesund, würdig und auch von jener tiefen inneren lebensbejahenden Heiterkeit und freundlichen Anmut, die deutsche Weiblichkeit von jeher ausgezeichnet hat.« Gesund und heiter war die Landfrau mit der steigenden Arbeitslast schon lange nicht mehr. Doch die Wirklichkeit einer abgearbeiteten, kranken und verhärmten Landfrau passte kaum zur nationalsozialistischen Verherrlichung.

Die romantisch-verklärte Bauerntumsideologie der Nazis war bei den Landwirten nach Ende des Ersten Weltkriegs und aufgrund der weltwirtschaftskrisenbedingten Agrarkrise ab 1929 zunächst auf fruchtbaren Boden gefallen. Doch nun hatten sie die Folgen zu tragen. Die Männer waren im Krieg, und die Bäuerinnen mussten ohne sie und mit unzureichender Technik die Bevölkerung versorgen.

Einige durchschauten Hitlers Pläne schon früh. Marion Gräfin Dönhoff (1909–2002), Tochter einer Gutsbesitzerfamilie in Ostpreußen und spätere Herausgeberin der Wochenzeitung *Die Zeit*, war im Widerstand aktiv. Sie notierte: »Dass Hitler einen Krieg anzetteln, der Jahre dauern und an dessen Ende Ostpreußen verloren sein würde, das war mir sehr bald klar.« Ihr war auch bewusst, dass ihre Brüder dann in einen solch sinnlosen Krieg ziehen müssten.

Marion Dönhoff arbeitete sich 1937 mithilfe ihres Bruders Heini in die Verwaltung des Gutsbe-

sitzes Friedrichstein ein – doch ohne Perspektive, wie sie in ihrem Buch *Namen, die keiner mehr nennt* festhielt: »Bei jedem Haus, jeder Scheune, die wir bauten, bei jeder neuen Maschine, die angeschafft wurde, pflegten wir Geschwister untereinander zu sagen: ›Die Russen werden sich freuen.‹« Schon am frühen Morgen war sie unterwegs, um auf den Feldern nach dem Rechten zu sehen. Einer ihrer Bekannten erzählte, dass er sie nur in Reithosen erlebt habe. Als auch ihr ältester Bruder Heini 1939 eingezogen wurde, übernahm sie mit nur zwanzig Jahren die Verantwortung für die Güter. »Sie war die erste und letzte Herrin von Schloss Friedrichstein«, schreibt ihre Biografin Alice Schwarzer.

Immer deutlicher stand der jungen Gräfin der Verlust ihrer Heimat vor Augen. Als das Attentat auf Hitler am 20. Juli 1944 scheiterte, plante sie die Flucht. Sie hatte genau aufgelistet, wer welchen Wagen fahren sollte und was unbedingt mitgenommen werden musste. Sie hatte Karten vervielfältigen lassen, auf denen alle Landwege und Fähren verzeich-

net waren. Die Vorbereitungen traf sie heimlich, obwohl schon etliche Menschen ihr Zuhause verlassen hatten und unterwegs Richtung Westen waren – offiziell hatte man als Deutscher ja an den »Endsieg« zu glauben. Jeder Fluchtversuch wurde streng geahndet und oft genug auch mit dem Tode bestraft.

Da ein NS-Parteifunktionär Verdacht geschöpft hatte, blieben Marion Dönhoff nur wenige Stunden, um ihr Vorhaben durchzuführen. Sie rief ihre Leute zusammen und erzählte ihnen von ihren Absichten. Diese konnten die Nachricht nicht fassen. Sie wollten auf jeden Fall auf dem Gut bleiben und meinten: »Wir arbeiten dann eben für die Russen und bestellen die Felder und melken die Kühe für die.« Die Flucht, so wie die Gräfin sie sich vorgestellt hatte, konnte nicht durchgeführt werden. Sie machte sich daraufhin allein und nur zu Pferd auf den Weg. Als sie schon eine Weile geritten war, überfiel sie großes Heimweh: Sie wollte umkehren und mit der Bahn zurück auf ihr Gut fahren. Der Beamte, den sie daraufhin ansprach, schaute sie entgeistert an und sagte: »Nach Osten fährt kein Zug mehr.« Also setzte sie ihre Flucht fort. Nach Wochen, die sie bei Kälte und scharfem Ostwind inmitten von langen Menschen- und Wagentrecks unterwegs war, vorbei an vielen am Wegesrand liegenden Toten, kam sie im März 1945 in Westfalen an.

Die landwirtschaftlichen Flächen im Osten waren – wie es Marion Dönhoff vorausgesehen hatte – nach Kriegsende weggefallen. Vertriebene und Flüchtlinge mussten aber mit Brot, Milch und Kartoffeln versorgt werden. Viele der Bauern waren gefallen oder schwer verletzt, sie befanden sich in Kriegsgefangenschaft und kehrten erst nach Jahren zurück. Somit lag auch in der Nachkriegszeit die Landwirtschaft vielfach in den Händen der Frauen.

Von Frauen, die lieber Schlepper fuhren, statt Böden zu schrubben

Motorisiertes Landleben

Der Hof war vollkommen verwüstet, die Zimmer hatten russische Soldaten leer geräumt, es gab keinen Strom, kein Bett, keine Matratze, eigentlich nichts. Im Stall standen wenigstens noch drei trächtige Kühe, außerdem vier betagte Ochsen und einige klapprige Pferde. Hühner und Schweine waren allesamt geschlachtet oder verkauft worden. Anton Wiederauer zeigte dem Flüchtlingsmädchen Maria das zerstörte Anwesen und fragte, ob sie mit ihm zusammen einen Neuanfang machen wolle. Die dreiundzwanzigjährige Maria war in einer Landwirtschaft in Südmähren aufgewachsen, in der heutigen Tschechischen Republik, musste 1945 fliehen und galt seitdem als staatenlos. Der Heiratsantrag von Anton Wiederauer, der diesen Hof im niederösterreichischen Dunkelsteinerwald gepachtet hatte, kam ihr also gelegen. »Es war bei Gott nicht die große Liebe. Vernunft, Kameradschaft, auch die Staatsbürgerschaft zählte«, schrieb sie in ihren Erinnerungen.

Tatkräftig packten beide ihr neues Leben an. Maria und Anton Wiederauer begannen damit, Kartoffeln, Kohlrabi, Kohl, Schnittbohnen und Karotten anzubauen. Schon 1948 hatten sie einen Traktor mit 26 PS, es war einer der ersten, die in der Nachkriegs-

zeit auf den Markt kamen. Ein glücklicher Zufall, denn als Pächter hatten sie normalerweise kaum Aussichten, einen entsprechenden Bezugsschein zu erhalten, der notwendig war, um solch einen Schlepper kaufen zu können. Der Zulieferer einer Traktorfirma aber bat die Wiederauers, Gemüse für die eigene Werksküche zu liefern – und dafür überließ er ihnen dieses Gefährt. Als das Ehepaar Wiederauer dann 1953 im Waldviertel, im nordwestlichen Teil von Niederösterreich, einen eigenen Hof kaufte, stiegen sie auf Rinder- und Schweinemast um. Die Arbeit war hart. Knechte und Mägde gab es keine, und einen Ladewagen oder eine Melkmaschine konnte man sich erst nach und nach anschaffen.

So wie Maria erging es vielen Bäuerinnen, und zwar nicht nur in Österreich, sondern auch in Deutschland. Es war schwierig, die durch den Krieg zerstörte oder brachliegende Landwirtschaft wieder

auf die Beine zu stellen. Doch die Bäuerinnen waren trotz der Arbeitsbelastung der vergangenen Jahre voller Tatendrang. Die niederbayerische Bäuerin Anna Wimschneider schrieb: »Nun mussten wir schauen, dass wir unsere Einnahmen steigern konnten. Alles Geld, das hereinkam, wurde in Düngemittel und Geräte angelegt, der Viehbestand vermehrt, und wir hatten immer die Hoffnung, wir schaffen es einmal.«

Arbeitskräfte fehlten in der Landwirtschaft, weil die Menschen, die den Krieg überlebt hatten, sich in die industriellen Berufe drängten, denn dort verdienten sie mehr. Um die Existenz von bäuerlichen Betrieben zu sichern, gab es keinen anderen Weg, als sie zu technisieren. Das Motto hieß damals: »Wachsen oder weichen.« Wer also nicht weichen wollte, musste sich moderne Maschinen anschaffen – und damit sich eine solche Ausgabe auch lohnte, hatte dies auch eine Vergrößerung des Hofes zur Folge. Die Investition in eine Melkmaschine war somit mit zwei Veränderungen verbunden: erstens mit einem größeren Stall, um dort – zweitens – eine größere Anzahl von Kühen unterstellen zu können.

Für die einzelnen Bäuerinnen gestaltete sich das Leben deshalb völlig unterschiedlich. War eine Modernisierung mangels finanzieller Mittel nicht möglich und wollte man sich trotzdem nicht vom Hof trennen, bewirtschafteten die Frauen das kleine Anwesen meist alleine. Die einstigen Bauern suchten sich dann in den nächstliegenden Ortschaften eine bezahlte Tätigkeit. Nur so bestand eine Chance, das

frühere Leben nicht völlig aufzugeben. Die Landwirte größerer Höfe entschieden sich dagegen für Ausbau und Weiterentwicklung. Auf eine Waschmaschine, die ihnen das Leben spürbar erleichtert hätte, mussten die Bäuerinnen jedoch jahrelang warten. Traktor, Heuwendmaschine oder Ladewagen waren wichtiger. Die Frauen wuschen weiterhin die Wäsche mit der Hand und schleppten ihre Eimer mit Wasser vom Brunnen in die Küche, da das Geld, das vorwiegend in den Maschinen steckte, nur in den seltensten Fällen für einen Wasseranschluss reichte.

Es war eine Schufterei, aber sie zahlte sich aus. So erlebte es auch Anna Wimschneider: »Langsam besserte sich unsere Lage. Während die Nachbarn auf der Feierabendbank saßen und über uns lachten, ging es endlich aufwärts ... Wir hielten uns Zuchtsauen, damit wir die Ferkel nicht kaufen mussten ... Dann haben wir einen modernen Stall für sie gebaut, und als einige Nachbarn ihn besichtigten, da waren 70 Schweine drinnen. Da waren sie ganz erschrocken, denn wir hatten mehr als sie.«

Anna hatte den Ehrgeiz, aus ihrem kleinbäuerlichen Hof eine moderne Landwirtschaft zu machen. Sie und ihr Mann Albert nahmen, um ihren Traum verwirklichen zu können, einen Kredit auf. Mit ihm wollten sie einen neuen Rinderstall bauen. Danach kauften sie Futter und Düngemittel, um den Ertrag auf den Feldern zu steigern und mit dem Erlös die Schulden zurückzubezahlen. Und ihre Rechnung ging auf. Sie erwarben ein Pferd, das in der Lage war, die Heumaschine schneller zu ziehen als die Ochsen. Die Erleichterung war spürbar, dennoch konnte sie

Als die Waschmaschine noch eine Seltenheit war, wurde im Bach gewaschen. Die Frau ganz links wäscht Schafswolle. Mit der Technik, die auch die Frauen freute, kam die Entlastung.

größer sein! Als Anna ihrem Mann schließlich vorschlug, man könne doch einen Traktor kaufen, wurde er richtig zornig. Der sei ja unbezahlbar, meinte er. Aber mit einem ausgetüftelten Finanzierungsplan konnte sie ihn von der Notwendigkeit der Anschaffung überzeugen. Voller Stolz arbeiteten sie nun mit ihrem neu erworbenen Traktor auf dem Feld und genossen die neidischen Blicke des Nachbarn, der sie einst ausgelacht hatte, als sie sich noch mit ihren Ochsen abmühten.

Dass der Kauf eines Traktors von Frauen ausging, war wohl eher die Ausnahme. Meist waren es die Männer, sie sich eine solche Zugmaschine zulegten, sobald sie es sich leisten konnten. Sie waren es auch, die anfänglich auf dem Schlepper saßen und damit den Acker pflügten. Doch Abweichungen von der Regel gab es auch hier. Eine Bäuerin aus Niederösterreich erzählte, dass ihr Mann 1965 den ersten Trecker gekauft hätte. Da er es jedoch ablehnte, den Führerschein zu machen, um damit fahren zu können, hätte er sie damit beauftragt. Unter Tränen habe sie sich daraufhin beim Fahrkurs angemeldet, denn auch sie wollte nicht mit dem Schlepper fahren. Aber einer musste es tun. Sie habe zwar die Prüfung bestanden, aber sie sei danach nie »ein richtiger Traktorfahrer« geworden, schilderte sie weiter. Während Männer große Schlepper mit vielen PS bevorzugten, mochten Frauen lieber die kleinen, wendigen Zugmaschinen.

Es war gar nicht so einfach, ein solches Gefährt zu bedienen. Schließlich nutzte man es nicht für eine Spazierfahrt, sondern um damit zu arbeiten. Vielfach hingen andere landwirtschaftliche Maschinen daran, die über eine Zapfwelle betrieben werden mussten. Eine Bäuerin aus der Gegend um Marburg hatte damit ihre Schwierigkeiten: »Eine besonders gute Schlepperfahrerin war ich nicht ... so rückwärts fahren und so was, so genau auf den Punkt, kann ich

nicht.« Einmal habe sie eine Milchbank, auf der die Blechkannen standen, umgefahren: »Das war ein schöner Schlepper, den wir da hatten. Der hatte hinten 'ne Sitzbank, hinter dem Fahrersitz, und da saßen die Mitfahrer drauf. Und dann waren in der Ernte auch zwei Wagen dahinter und zwei Kinder drauf und der Kaffeekorb. Dann guck ich mich noch mal um ... und bin da mit dem Mähbalken an die Milchbank.« Ein großer Schaden entstand bei dieser Kollision aber nicht. Der Ehemann hatte am Abend schon wieder alles repariert. Wahrscheinlich unterliefen den Männern ähnliche Missgeschicke, doch diese wurden in ihren Berichten gern ausgeklammert. Dabei hatten die Bäuerinnen im Gegensatz zu ihren männlichen Mitstreitern nicht nur auf das Fahren zu achten, sondern gleichzeitig auf den Nachwuchs, der auf dem Traktor saß, und auf die Verpflegung, die sie zum Feld bringen mussten.

Es gab aber auch Bäuerinnen, die voller Leidenschaft Schlepper fuhren. Eine junge Bäuerin erzählte, dass sie für den Traktorführerschein viel Theorie lernen musste und deshalb bei jeder Arbeit auf dem Feld ihr Lehrbuch dabeihatte, um zu lernen. Zur Prüfung fuhr sie mit dem Trecker, ließ ihn aber vorsichtshalber am Ortseingang stehen und marschierte dann zu Fuß weiter zu dem Gebäude, wo sie ihre Fragen beantworten musste. Nach bestandener Prüfung setzte sie sich wieder hinters Steuer, als wäre es das Selbstverständlichste der Welt.

Viel lieber als mit dem Schlepper waren Frauen auf dem Land im Auto unterwegs. Treckerfahren bedeutete Arbeit, die meist auch noch vom Ehemann vorgegeben wurde. Autofahren hingegen versprach Freiheit. Mit dem Wagen waren die Bäuerinnen nicht mehr ans Dorf gebunden, nicht auf die wenigen Busverbindungen angewiesen. So war es möglich, schnell in eine größere Ortschaft, sogar in die Stadt zu kommen, um dort Einkäufe zu erledigen oder zum Arzt zu gehen.

Maria Pauli gehörte nicht zu den freiheitsliebenden Bäuerinnen, ganz im Gegensatz zu ihrer Schwester Zenzi: »I hab den Führerschein gmacht, aber i hab den net lang ghabt, dann is mir einer hineingfahrn ins Auto, und i hab mich so greislich gfürcht. Die Zenz is gwesn wie a Wilde, und wenn's net gleich gangen is, hat's gsagt: was hat denn der Krüppel.« Zenzi liebte alles, was Räder hatte. Den Schlepper lenkte sie mit einer Begeisterung, dass die anderen richtig Angst um sie hatten, und mit ihrem Motorroller sauste sie geradezu durch die Gegend: »Im Sommer sah man Zenzi mit dem Roller herumfahren, mit wehendem Rock nahm sie die Kurven.«

Im Zuge der Modernisierung wurden Ende der Fünfzigerjahre auch neue agrarpolitische Ziele formuliert, so sollten die Bauern etwa mithilfe der Maschinen die anfallenden Arbeiten auf den Höfen alleine bewältigen. In der Konsequenz hieß das: Man wollte die Frauen von landwirtschaftlichen Tätigkeiten befreien, damit sie sich – nach städtischem Vorbild – auf den Haushalt und die Kindererziehung konzentrieren. Eine ländliche Hausfrau werden? Das wollten die Bäuerinnen aber partout nicht. Und zugleich war dieses Denken fern jeglicher Realität.

Wurden die Betriebe zwar größer und spezialisierter, so konnte längst noch nicht auf die Mitarbeit der Frauen verzichtet werden.

Die Landfrauen fühlten sich durch die Agrarpolitik der Bundesrepublik regelrecht unter Druck gesetzt. Viel lieber arbeiteten sie in der freien Natur, ernteten Zuckerrüben oder brachten Kälber zur Welt, als in den eigenen vier Wänden mit Scheuerpulver und Putzlappen herumzuwerkeln. Aber sie wollten sich auch nicht nachsagen lassen, dass sie ihren Haushalt nicht ordentlich führten. Nun versuchten sie, allen Ansprüchen gerecht zu werden. Sie arbeiteten auf dem Hof mit vollem Einsatz – und versuchten zugleich, ein perfektes Zuhause vorzuweisen. Als Hausfrauen fühlten sie sich dennoch nie, sie blieben Bäuerinnen. Mit den damit verbundenen Tätigkeiten konnten sie sich identifizieren. Dort hatten sie ihre Erfolgserlebnisse, das war ihr eigentlicher Platz im Leben. Wenn eine Kuh viel Milch gab oder die Hühner reichlich Eier legten, die sie verkaufen konnten, dann war das ein Ergebnis ihrer Tüchtigkeit. Das Gespräch mit ihren Kunden auf dem Markt oder mit denen, die auf den Hof kamen, war Teil ihres Tuns. Diese Bestätigungen konnten Hausarbeiten nicht bieten. Eine Landfrau aus Schleswig-Holstein erzählte, dass eine Beamtin einmal auf einem Formular unter der Rubrik »Beruf« das Wort »Hausfrau« notiert hätte. Sie protestierte energisch: »›Nee‹, sagte ich, das lasse ich nicht gelten. ›Bäuerin!‹«

Inzwischen können diese Frauen auf eine Berufsausbildung als Ländliche Hauswirtschafterin oder als Landwirtin verweisen. Oder sie haben ein Studium als Agrarwissenschaftlerin absolviert. Auf Formularen können sie nun eine klare Berufsangabe machen, die dem entspricht, was sie wirklich tun.

Landfrauen in der DDR

orgens um sieben Uhr fuhr der Traktor aufs Feld. Hinten, auf dem »Leutehänger«, saßen die Landarbeiterinnen von der Pflanzenproduktion »Walter Ulbricht«. Sie wurden zum Kartoffellesen gebracht, eine anstrengende Arbeit. Abends war man völlig erschlagen, und der Rücken tat weh. Aber dennoch war die Feldarbeit auch schön, erzählt eine ehemalige Mitarbeiterin einer Landwirtschaftlichen Produktionsgenossenschaft (LPG). Durch die Zwangskollektivierung in den Sechzigerjahren hatte eine solche eine Größe von mehreren Tausend Hektar Land mit einem Tierbestand von bis zu 10 000 Stück. Vierhundert bis fünfhundert Menschen waren in der Deutschen Demokratischen Republik auf einer LPG beschäftigt. Sie waren in einzelne Arbeitsgruppen, in Brigaden, eingeteilt. Trotz der rationalisierten und industrialisierten Großorganisationen entstanden innerhalb der Brigaden persönliche Beziehungen. Es war eine Tätigkeit an der frischen Luft, so berichtete die frühere Mitarbeiterin, und das Zusam-

mensein mit den anderen Frauen hätte ihr gefallen. Sie machten Scherze und tauschten Neuigkeiten aus. Wenn eine der Arbeiterinnen nicht so schnell war, half eine andere ganz selbstverständlich. Es gab keine, die mit ihrer Arbeit zurückblieb. Mittags gingen die Frauen gemeinsam in die Kantine. Das war bequemer und vor allem viel günstiger, als in der Mittagspause oder abends zu Hause zu kochen. Für diesen Preis hätte man keine Mahlzeit auf den Tisch bringen können. Am Nachmittag seien auch die Kinder aufs Feld gekommen und hätten mitgeholfen. Dafür hätten sie 50 DDR-Pfennige erhalten. Manchmal hätte es auch Arbeitseinsätze von kompletten Schulklassen gegeben.

Viele der einstigen privaten Bäuerinnen aus Merxleben, einem Dorf in Thüringen, empfanden das Dasein als sozialistische LPG-Arbeiterin einfacher als früher. Die Tätigkeiten seien die gleichen geblieben – Rüben verziehen, Unkraut hacken, Kartoffellesen. Aber die Frauen hätten sie nicht mehr alleine ausgeübt,

Bäuerinnen es vor der Kollektivierung und der damit verbundenen Bodenreform gewohnt waren. Der Tod einer Kuh wäre auf einem privaten Bauernhof eine Katastrophe gewesen. In einer LPG war er nur schlecht für die Statistik – und so wurde versucht, mit Prämien die Zahl der »Tierverluste« zu reduzieren. Einfach war das nicht, denn durch die große Menge an Tieren verloren viele LPG-Frauen den persönlichen Bezug zu ihnen. Selbst die Melkerinnen sahen vor allem darauf, was bei ihrem routinemäßigen Vorgehen herauskam – auf die vielen Liter Milch.

Verbesserungsvorschläge wurden nicht angenommen, wie Karla Müller, eine Thüringer Agrarwissenschaftlerin, schilderte: »Wenn du an deinem Arbeitsplatz irgendwas besser machen wolltest, was eben nicht dem momentanen Erkenntnisstand der Partei entsprach, dann wurde das nichts, dann haste nur Ärger gehabt!«

Sogar den Erntebeginn des Getreides und den Einsatz der Mähdrescher schrieb die SED vor, die Sozialistische Einheitspartei Deutschlands, selbst wenn die LPG-Arbeiter aufgrund ihrer Erfahrungen einwandten, dass man doch vielleicht noch drei Tage bis zur Schnittreife warten sollte. Aber der Staatspartei war es wichtiger, schnelle Erfolge vorzuweisen. Und jeder zuständige Genosse aus einem ländlichen Kreis wollte als Erster nach Berlin melden: »Wir sind mit der Ernte fertig!«

Fuhren die Mähdrescher geschlossen durch das Dorf auf die Felder, waren alle Bewohner auf der Straße. Für die Kinder erschien die Kolonne wie ein Festzug. Vorne zwölf bis vierzehn Mähdrescher, dahinter Traktoren mit Anhängern und zum Schluss zwei Werkstattwagen, einer davon mit Ersatzteilen. Dies

hätten auch nicht mehr die Verantwortung für die ganzen Arbeitsabläufe getragen. Zudem hätten sie ein gesichertes Einkommen und ihren geregelten Feierabend gehabt. Es gab aber auch einen Nachteil: Sie hatten die Vielseitigkeit des Bäuerinnenberufs aufgegeben. Eine LPG-Arbeiterin, die in Mecklenburg-Vorpommern in der Pflanzenproduktion tätig war, sah in dem, was ihr abverlangt wurde, keine Erfüllung, sondern nur einen Broterwerb. Es sei immer der gleiche Trott gewesen, berichtete sie, man konnte sich nicht entwickeln. Und an heißen Tagen hätte sie am liebsten die Hacke weit weggeworfen.

In der Tierproduktion war die Arbeit noch härter. Das lag vor allem daran, dass die industrielle Landwirtschaft besonders auf die Viehhaltung Auswirkungen hatte. Diese gehörte zu den Grundzielen des Sozialismus, jedoch mit negativen Folgen für die einzelnen Tiere. Eine Arbeiterin aus Thüringen erzählte, wie leid ihr die struppigen, mageren Kälber taten, die von unterernährten, schlecht versorgten Milchkühen zur Welt gebracht wurden: »Ich hab ihnen bei mir zu Hause Leinsamenbrei gekocht – das hat schon meine Mutter gemacht, wenn mal ein Kalb etwas zurückgeblieben war – und sie damit gefüttert. Nach kurzer Zeit hatten sie ein glänzendes, glattes Fell und kamen zusehends zu Kräften.«

Der Umgang mit Tieren war bei den gemeinschaftlichen Agrarbetrieben ein ganz anderer, als die

Tabakernte in der DDR.

sagte sehr viel über den technischen Zustand der Maschinen aus.

Auf den Mähdreschern saßen nicht nur Männer, sondern auch Frauen. In der DDR wurde darauf geachtet, dass sie bei den Berufsmöglichkeiten nicht benachteiligt wurden. Mähdrescherfahrerinnen und Traktoristinnen waren ein wichtiges Aushängeschild für die »Fortschrittlichkeit« in der Landwirtschaft. Sie wurden deshalb als Vorzeigefrauen präsentiert. Im März 1950 berichtete die Zeitschrift *Frau von heute* über die Traktoristin Agnes, deren »unermüdlicher Arbeitseinsatz bei Tag und Nacht, Eis und Schnee ... Ansporn für die jungen Burschen sein sollte«.

Vielen Frauen war die Arbeit in den Produktionsgenossenschaften jedoch zu einseitig. Sie betrieben ihre eigene kleine »individuelle Hauswirtschaft«, auf die sie ganz besonders stolz waren. Während der Kollektivierungsphase, als der Besitz der Landwirte vereinnahmt werden sollte, wurden viele Bauernfamilien regelrecht zum LPG-Eintritt gedrängt – als Entgegenkommen gestand man ihnen die private Nutzung von einem halben Hektar Land zu, zusätzlich eine begrenzte Viehhaltung: zwei Kühe, zwei Mutterschweine, fünf Schafe und Kleinvieh – Hühner, Enten, Gänse, Kaninchen – so viel sie wollten. Was zunächst für den Eigenbedarf gedacht war, wurde durch geschicktes Wirtschaften zu einem lukrativen Geschäft. Fleißige Freizeitbäuerinnen mähten die Wegränder, beackerten kleine Restgrundstücke und bauten gut bezahlte Feldfrüchte an. Was gerade gewinnbringend war, sprach sich schnell herum. Die vorgeschriebene Anzahl der Schweine

konnte umgangen werden, indem man sich erst nach der Viehzählung einige Ferkel anschaffte. Bis die nächste Viehzählung anstand, waren die gut gefütterten Jungtiere fett genug, um sie zu einem guten Preis verkaufen zu können.

Nach 1977, als der Staat die Begrenzung der Tierhaltung aufhob und die weitere Bearbeitung von Splittergrundstücken und kleinen Einzelflächen erlaubt war, ließ sich mit der Landwirtschaft noch mehr Gewinn erzielen. »Es war eben so, wer fleißig war und sich was überlegt hat, der konnte auch im Sozialismus Marktwirtschaftler sein«, berichtet eine dieser tüchtigen »Privatbäuerinnen«. Viele LPG-Mitglieder hätten sich jedoch nach ihrer Arbeit auf ihren »Faultierfarmen«, den Plattenbauwohnblöcken, erholt und den »blöden Bauern« vom Fenster aus beim Anbauen von Gurken, Rhabarber und Tabak zugesehen. Das hätte sie aber nicht weiter gestört, hatte man doch anschließend mit dem Zusatzverdienst in den Urlaub fahren können.

Die Frauen, die Bäuerinnen aus Leidenschaft waren, fanden ihre Erfüllung nicht in der genossenschaftlichen Arbeit, sondern in ihrer eigenen kleinen Landwirtschaft. Sie waren engagiert und einfallsreich. Der Gewinn, den sie aus ihrer Arbeit zogen, war nicht nur ein finanzieller. Sie erlangten in einem gewissen Rahmen Unabhängigkeit und Freiheit, weil ihnen niemand vorschrieb, was sie auf ihrem Feld zu tun hatten. Und es gab ihnen Selbstbewusstsein, denn »geistige Voraussetzungen und Arbeitswillen musste man schon haben, sonst wär das nie was geworden«, erklärte eine dieser »Privatbäuerinnen«.

KAPITEL V

Volksdichterinnen, Rundfunkfrauen und Stadtmamsells

Die Bäuerinnen stehen im Mittelpunkt dörflichen Lebens. Sie legen Gärten an, backen Brot, mosten Obst und brauen Bier, versorgen die Familie und richten Feste aus. Diese Frauen sind es, die ein Bild von Naturverbundenheit und Ursprünglichkeit geprägt haben, das in der urbanen Welt anscheinend verloren gegangen ist. Dennoch wurde und wird bäuerliche Kultur nicht nur von ihnen weiterentwickelt – zu ihrer ganzen Vielfalt tragen auch jene Dorfbewohnerinnen bei, die nicht auf einem Hof arbeiten, aber dennoch zur ländlichen Gemeinschaft gehören. Zu ihnen zählen die schreibenden Frauen. Emerenz Meier war eine von ihnen, eine Volksdichterin, die in ihren Geschichten nie ihre Heimat verkitscht hat. Schon seit Schulzeiten beobachtete sie die Menschen ihrer Umgebung und hielt das Gesehene fest. Oft war es eine Flucht, wenn die Wirklichkeit zu rau war.

Zu jedem Dorf gehören aber auch die besonders kunsthandwerklich geschickten Frauen, die sich dadurch auszeichneten – und es noch immer tun –, dass sie Schürzen, Kappen oder auch Pferdegeschirre mit wunderschön filigranen Stickereiarbeiten verzieren konnten. Jeder Ort brachte die eine oder andere Spezialistin hervor – und man war stolz auf sie. Einige konnten Schuhe herstellen, Musikinstrumente bauen oder töpfern. Dorflehrerinnen wiederum kümmerten sich darum, dass die Jungen und Mädchen auch aus entfernt gelegenen Gehöften zur Schule gingen, auch wenn es nicht immer gelang, dass sie während der Erntezeit tatsächlich zum Unterricht erschienen. Doch ohne diese Frauen hätten die Kinder nie lesen und schreiben gelernt, wären nie auf die Idee gekommen, dass es außer ihrer Lebenswelt Städte und Länder gab, die zu entdecken waren.

Eine ganz eigene Welt stellten die Pfarrhäuser dar. In den evangelischen Gebieten kam man mit den Sorgen zu den Pfarrfrauen, wenn man sich nicht traute, den Pastor um Rat zu fragen. Vielfach versammelten sich in diesen Häusern jene Dorfbewohnerinnen, die einen geistigen und geistlichen Austausch suchten. In katholischen Pfarrhäusern hatte die Pfarrköchin das Zepter in der Hand – auch sie wurde von Bäuerinnen und Mägden aufgesucht, wenn zu viel Kummer auf der Seele lastete.

Manche Frauen befassten sich berufsmäßig mit dem Landleben, ihr Blick auf das Dorf ist weiter gefasst. Ilse Weitsch war nach dem Zweiten Weltkrieg eine Radioredakteurin der ersten Stunde, die im bayerischen Frauenfunk aktuelle Fragen und Probleme aufgriff und in ihren Sendungen Informationen für die städtische und ländliche Bevölkerung ausstrahlte. Für die Landfrauen gehörte sie zu jenen Personen, die auf alles eine Antwort wussten. So wandten sie sich mit ihren vielen Fragen an die »Funkfrauen« – und manche kamen sogar mit Eheproblemen persönlich in den Sender. Sommerfrischlerinnen, die aus den Großstädten aufs Land kamen, um während der heißen Monate Erholung in der Natur zu finden, prägten oft ein romantisches Bild dörflichen Lebens. Sie, die urbanen Damen, suchten nach einer heilen Welt.

Es gab nicht nur Bäuerinnen

Beinahe wäre sie Pfarrköchin geworden, aber dann blieb sie Schriftstellerin. Sie hatte sich in einen Priester verliebt – doch die Liebe war völlig vergeblich und wohl auch einseitig. »Wenn ich den Hugo bekehren könnte, ich thäte es! Lasst mich nur einmal seine Pfarrerköchin werden!«, schrieb die sechsundzwanzigjährige Emerenz Meier noch hoffnungsvoll an eine Freundin. Die Volksdichterin hatte viele Verehrer, doch ihre Wahl fiel ausgerechnet auf den katholischen Geistlichen Hugo Miller. Die unglückselige Leidenschaft entstand, als sie ein halbes Jahr lang Gast bei seinem Vater war, dem Würzburger Seminarlehrer Albert Miller, der sie zu Studienzwecken eingeladen hatte. Begeistert war sie in die unterfränkische Residenzstadt gefahren, aber schon bald ging ihr die Schulmeisterei des älteren Miller auf die Nerven. Außerdem bevorzugte die gesamte Familie Buttermilch, was die trinkfreudige

Wirtstochter als eine Zumutung empfand. Den Job als Pfarrköchin wollte sie dann auch nicht mehr. Genervt und enttäuscht kehrte sie vorzeitig zurück in den Bayerischen Wald, dort, wo ihre Heimat war – und wo sich ihre Geschichten abspielten.

Emerenz Meier kam 1874 in Schiefweg zur Welt, einem kleinen niederbayerischen Dorf bei Waldkirchen. Sie war die sechste Tochter, Vater Josef war Bauer, führte aber auch ein Gasthaus. So musste sie wie ihre älteren Schwestern schon in jungen Jahren in der Schankstube mithelfen. Dort wurde viel getrunken, oft über den Durst hinaus. Heftige Wortgefechte waren dann die Folge, die in Raufereien endeten. Die Saalschlachten waren für Emerenz spannende Schauspiele, die sie sich nicht entgehen ließ. Ja, sie heizte die Stimmung sogar noch ein, indem sie den Streithähnen heimlich Bierkrüge zuschob, die sie sich gegenseitig an die Köpfe werfen konnten. Kein Wunder, dass ihr Vater es schwer hatte, die jeweiligen Gegner voneinander zu trennen.

Als Emerenz die Volksschule der Englischen Fräulein besuchte, öffnete sich ihr eine völlig neue Welt. Sie lernte lesen und fand in Büchern Zuflucht vor der ländlichen Alltagswelt, die ihr trotz amüsanter Gelage doch auch sehr hart vorkam. Mit zehn

Jahren kannte sie die wichtigsten deutschen Klassiker, und Dantes *Göttliche Komödie* oder Homers *Ilias* vermochte sie in großen Teilen sogar auswendig aufzusagen. Angeregt durch eine ältere Schwester, begann sie eigene Gedichte zu verfassen. Die Eltern sahen ihre literarischen Ambitionen als »Verrücktheiten« an und versuchten, ihr das Schreiben zu verbieten, was ihnen aber nie ganz gelang.

Nach fünf Jahren war Schluss mit der Schule, die Tochter hatte auf dem Hof und in der Wirtschaft mitzuhelfen, so wie es sich für ein Mädchen damals gehörte. Das sechste Meier-Kind fügte sich, schälte Kartoffeln, bediente die Gäste an den Holztischen und putzte den Schankraum. Doch war sie mit ihrer Arbeit fertig, konnte sie nichts mehr halten, sie griff zu Papier und Stift. Neunzehn war sie, als ihre erste Erzählung in einer Zeitung veröffentlicht wurde. Ohne Erlaubnis ihrer Eltern hatte sie diese an die *Donau Zeitung* in Passau geschickt, die dann auch unter dem Titel *Der Juhschroa* abgedruckt wurde.

Bald las man ihre Geschichte auch in Österreich und Ungarn, 1897 wurden vier von ihnen in einem Band publiziert: *Aus dem Bayerischen Wald* sollte ihr einziges Buch bleiben. In den Erzählungen geht sie Ungerechtigkeiten nach und rebelliert gegen alte Bräuche, die stur eingehalten werden, obwohl sie längst nicht mehr in die Wirklichkeit passen. Sie schildert das Schicksal eines verwaisten Mädchens, das aus einem böhmischen Grenzort in den Bayerischen Wald kommt und bei den Dorfbewohnern auf Vorurteile und Ablehnung stößt.

Emerenz Meier wollte aber nicht nur schreiben. Die vielen Jahre in dem väterlichen Gasthaus hatten Spuren bei ihr hinterlassen, und es schwebte ihr nun vor, eine Künstlerkneipe zu eröffnen. Ihren Plan realisierte sie in Passau, doch der Umsatz reichte nicht, um davon leben zu können. Die Gäste wollten einzig die Dichterin bestaunen — immerhin war sie für damalige Zeiten eine ungewöhnliche Frau, klug, eigenwillig und rebellisch, mit diversen Liebschaften. Aber zum Trinken suchten sie doch lieber ihren Stammtisch auf.

Die Künstlerwirtin schloss die Kneipe und zog nach München, wo sie sich ihren Lebensunterhalt damit verdiente, Artikel und weitere Erzählungen zu verfassen. Doch in der Großstadt hielt sie es nicht lange aus, hier war es ihr viel zu laut und anstrengend. Sie kehrte in die ländliche Abgeschiedenheit zurück, um den Hof ihres Vaters zu übernehmen — ihre Schwestern waren nach der Heirat zu ihren Männern gezogen oder hatten die Gastwirtschaft

übernommen. In dieser Zeit verfasste sie einige ihrer schönsten Gedichte und Geschichten.

Auch die 1923 geborene Schweizerin Hanni Salvisberg entdeckte ihre Leidenschaft zum Schreiben, aber erst im hohen Alter. Sie wuchs als ältestes von fünf Kindern auf einem Bauernhof bei Wünnewil im Kanton Freiburg auf. Gärtnerin oder Handarbeitslehrerin wäre sie gern geworden, aber diese Träume musste sie aufgeben, da sie zu Hause gebraucht wurde. Mit vierundzwanzig heiratete sie Werner Salvisberg, zog auf seinen Bauernhof und bekam vier Kinder. In ihren Aufzeichnungen erzählt sie von der Kindbettsuppe, die die Mütter nach der Entbindung erhielten – oder von ihrer ersten Hose. Ihre Schwester hatte eine Frauenhose im Schaufenster eines Geschäfts gesehen, und beide Mädchen wollten diese unbedingt besitzen. Ihre Mutter lehnte es aber kategorisch ab, ihnen eine solche zu kaufen, mit der Begründung, dass nur Männer Beinkleider tragen würden, Frauen hätten Röcke und Kleider anzuziehen, auch auf dem Feld. Für Hanni und ihre Schwester

war das kein Argument. Sie legten ihr Erspartes zusammen – und erwarben das Gewünschte. Bevor sie am nächsten Tag mit dem Vater aufs Feld gingen, zogen sie sich heimlich die Hosen an, die Mutter sollte davon nichts mitbekommen. Der Vater lachte, als er seine Töchter in dieser ungewohnten Kleidung sah. Das Arbeiten in Hosen war für die beiden Mädchen jedoch sehr viel angenehmer, weil endlich die Getreidestoppeln nicht mehr in die Beine stachen. Vor dem Mittagessen zogen sie wieder ihre Röcke an. Aber dann beichteten die beiden doch den heimlichen Einkauf. Bevor diese ein Donnerwetter loslassen konnte, legte der Vater ein gutes Wort für sie ein und erklärte, dass die Hosen eine gute Sache seien, denn nun könne man die Töchter unbesorgt auf den Heuboden schicken, ohne dass die Unterwäschespitzen unter den Röcken herausschauen würden. Das war ein Argument, das auch die Mutter überzeugte.

Jedes Dorf brachte handwerklich besonders begabte Frauen hervor, wahre Künstlerinnen. Weißnäherinnen nähten die Aussteuer der reichen Bauerntöchter, verzierten Bettwäsche und Tischdecken mit aufwendigen Mustern oder durchbrachen die Wäsche mit Klöppelarbeiten. Die Schwälmer Näherin Marthlies Dörr widmete sich als über Sechzigjährige ausschließlich feinen Handarbeiten, nachdem sie zuvor noch als Magd tätig war. Sie hatte eine besondere Begabung für filigrane Stickereien. Wer eine neue Tracht brauchte, suchte sie auf, denn sie fertigte die Bebänderungen für Röcke und Brustlatz, galt sie doch als eine Meisterin bei Kappen- und Strumpfbändern.

Die Schwestern Maria und Zenzi aus dem Bayerischen Wald liebten Musik. Zenzi spielte Zither und Maria Gitarre. Als sie noch jung waren, traten sie zusammen bei Festlichkeiten auf, musizierten und sangen dazu mit ihren im Kirchenchor geschulten Stimmen. Maria erzählt, dass sie sich freute, als der Pfarrer sie eines Tages fragte, ob sie im Chor mitsingen würden. Zenzi weniger, sie wusste wohl, was auf sie zukam. Maria berichtet: »Das sind Strapazen gwesn, bei Sturm und Wind haben wir da hinauf müssen nach Hintereben in die Probe, bei jeder Leich, bei jeder Hochzeit, der Schnee is uns bis zur Brust gegangen, nasse Füße. Wir hatten keine Notenkenntnisse, es wurde Lateinisch gesungen und wir konnten weder richtig singen noch Lateinisch.«

Die Gottesdienste und Messen, die im ländlichen Leben eine zentrale Rolle spielten, erhielten durch das Singen eine feierliche Umrahmung. Auch in den Spinnstuben und bei den winterlichen Strickarbeiten ging alles viel leichter, wenn jemand dabei war, der ein Instrument wie Zither oder Akkordeon beherrschte. »Die Ziehharmonika is eine Heilung gwesn für die Seele. Wenn der Flachs gerüffelt worden is, haben sie Lieder gesungen ohne Noten, und alles hat gestimmt, jeder hat singen können«, erzählt Maria und fügt hinzu: »Nach dem Krieg ist die Exaktheit gekommen, da hat's gheißen, mei, so a Schmarrn, das singt man in F-Dur oder D-Dur, und das hat den jungen Leuten die Freude am Singen genommen.«

Maria war künstlerisch talentierter als ihre Schwester Zenzi. Neben der Musik interessierte sie das Malen. Schon ihre Schulaufsätze schmückte sie mit Bildern, von einer Katze oder einem Buben, der einen Vogel auf dem Kopf trug, oder einer Dame in Stöckelschuhen: »Das Malen hab ich dann später wieder aufgenommen, da sind so Kurse in der Zeitung gwesn und da hab ich angefangen mit der Bauernmalerei, in Waldkirchen, da bin ich mit jemandem mitgefahren. Ich hab

alte Schränke bemalt, einmal habe ich 1600 Mark verdient.« Immer wieder nahm sie Aufträge an, restaurierte Möbel und bemalte sie nach alten Vorbildern. Manche Schränke verschönerte sie mit selbst ausgedachten Motiven. Bemalte Möbel waren ein Zeichen von besonderem Wohlstand und Ausdruck der Frömmigkeit. Oft wurden religiöse Motive oder ein Heiliger abgebildet, dem man sich besonders verbunden fühlte. Diese kunstvollen Schränke und Truhen wurden als Aussteuer für die Hochzeit angefertigt.

Pfarrersfrauen und -köchinnen lebten fast in einer Art Gegenwelt zu den Bäuerinnen auf den Höfen. Evangelische Pfarrersfrauen nahmen viele Gemeindeaufgaben wahr. Sie besuchten Kranke, spendeten Trost, kümmerten sich um die ganz Armen im Dorf, auch um die, die abseits der Gemeinschaft standen. Sie leiteten Bibelkreise, gaben Klavier- oder Geigenunterricht und betreuten den Kinderchor, wenn es nicht schon die Dorfschullehrerin tat. Über die Probleme der Dorfbewohner wussten sie besser Bescheid als der Pfarrer, denn viele Bäuerinnen und Mägde kamen mit ihren Fragen und Sorgen lieber zu ihnen, weil der Herr Pfarrer doch zu sehr eine Respektsperson war. Katholische Pfarrköchinnen, die den Geistlichen den Haushalt führten, waren ebenfalls die eigentlichen Seelsorgerinnen. Zum guten Rat von ihnen gab es oft ein Stückchen Kuchen am Küchentisch. Pfarrköchinnen

und Pfarrersfrauen hatten in Dörfern eine große Macht, entschieden doch sie, welches Anliegen wichtig war, um dem Pfarrer vorgetragen zu werden.

Clara Roller hatte 1845 einen vierzig Jahre älteren Geistlichen geheiratet und wurde aber nach fünf Jahren Ehe Witwe. Doch die Gemeinde hing so sehr an ihr, dass sie die Pfarrersfrau behalten wollte. Deshalb schrieben die verantwortlichen Dorfbewohner an den zuständigen Kirchenamtsvorsitzenden, der für die Suche nach einem Nachfolger beauftragt war, er solle eine Reihe Probeprediger schicken, damit sich die Pfarrersfrau einen als Ehemann aussuchen könne. Derjeniger, den sie erwählen würde, wäre auch der Gemeinde recht.

Das Pfarrhaus war auch ein Ort des geistigen Austausches. Nur wenn Männer bei den regelmäßigen Zusammenkünften anwesend waren, hatten die Frauen wenig zu sagen. Die 1930 geborene Pfarrers-

frau Amei-Angelika Müller schildert in ihrem Buch *Pfarrers Kinder, Müllers Vieh* einen gemeinsamen Bibelabend: »Wir Frauen saßen auf unbequemen Bänken, lauschten den Eingebungen der Männer und hatten den Mund nur zum Singen und zu einem gelegentlichen ›Amen‹ zu öffnen.« Bei einem Frauenabend oder Mütterkreis waren sie dagegen sehr gesprächig.

Als Amei-Angelika Müller in der schwäbischen Provinz für ihren ersten Frauenabend ein Referat über die biblische Frauengestalt Eva vorbereitet hatte, war sie begeistert, wie andächtig ihr die Bauersfrauen zuhörten – bis die erste vom Stuhl kippte, weil sie eingeschlafen war. Auch die anderen kämpften – nach einem langen Arbeitstag auf dem Feld oder im Stall – mit dem Schlaf. Als die Pfarrersfrau ihren Vortrag vorzeitig beendete, einige Lieder sang und schließlich die Stunde abschloss, wurden alle Frauen auf einmal wieder wach. Bei der Verabschiedung entstand an der Tür ein reger Austausch. Keine hatte es nun offensichtlich eilig, nach Hause zu gehen. Am Schluss bedankten sich die Bäuerinnen für den schö-

nen Bibelabend, der ihnen sehr gutgetan habe. Amei-Angelika Müller änderte daraufhin ihr Programm: »Im Winter lud ich wieder zur Frauenstunde ein. Wir waren klüger geworden. Sie brachten ihr Strickzeug mit als Waffe gegen den Schlaf, ich hatte Spiele dabei, eine spannende Geschichte und Lieder ... Sie lachten und kreischten, und wenn eine vom Stuhl fiel, dann gewiss nicht mehr vor Müdigkeit.«

Pfarrhaushalte boten auch Schutz. Da viele Pfarrer im Krieg waren, übernahmen die Pfarrersfrauen Aufgaben und Pflichten ihrer Männer – und einige von ihnen versteckten in eigener Verantwortung Juden bei sich oder nahmen sie unter anderem Namen für bestimmte Zeit auf.

Das aus Berlin stammende jüdische Ehepaar Max und Ines Krakauer kam bei Freunden unter, denen es vertrauen konnte, aber auch in verschiedenen Pfarrhäusern in Baden-Württemberg. Zwei Jahre lebten die beiden in ständiger Angst, entdeckt zu werden. Die Zeit der einzelnen Fluchtstationen beschrieb Max Krakauer in seinem Buch *Lichter im Dunkel*. Den Einsatz der alleinstehenden Pfarrers-

frauen hob er besonders hervor: »In ihr trat uns eine dritte Spielart von barmherzigen Samaritern entgegen, die wir auf unserer Wanderschaft kennenlernten, die junge alleinstehende Pfarrersfrau, deren Mann im Feld, in Gefangenschaft, vermisst oder bereits gefallen war. Sie gehörte einem Jahrgang an, der 1933 noch die Schule besucht hatte, Juden aus eigenem Erleben also gar nicht mehr kannte, nur wenig von ihnen wissen konnte und sie dennoch trotz der Propaganda aller Partei- und Staatstellen nicht von diesen Gedanken des Hasses infiziert war. Allein auf sich angewiesen, belastet mit der Sorge um ihre Kinder, dazu bestrebt, verschiedene Amtsgeschäfte des abwesenden Mannes zu versehen und damit den benachbarten Stellvertreter zu entlasten, gab der tiefe Glaube diesen jungen Pfarrersfrauen den Mut, das ungeheure Risiko, uns zu beherbergen, auf sich zu nehmen und damit den eingezogenen Mann, die Kinder und sich selbst zu gefährden.« Die Pfarrers-

frauen waren offensichtlich wiederum Vorbild für andere, ebenfalls ihre Tür zu öffnen. Krakauer schrieb: »Mehr als einmal wurde uns freimütig erklärt, dass der Entschluss, uns aufzunehmen, auf das Vorbild dieser tapferen Frauen zurückging ... So war das, wie man wohl sagen darf, heldenhafte Verhalten der jungen Pfarrersfrauen ein wahrer Segen für uns.«

Wie kann ich meine Bergschafe melken

Was Frauen vom Rundfunk
alles wissen mussten

*I*lse Weitsch stieg über die Trümmer zum Eingang des Rundfunkhauses. Sie war mit dem Zug von Deisenhofen nach München gefahren und wollte mit den amerikanischen »Rundfunkoffizieren« reden, die für den Aufbau des ehemaligen Reichssenders »Radio München« zuständig waren. Es war Sommer 1945, die Stadt lag in Schutt und Asche, überall sah man US-Soldaten, die versuchten, ein Stück Normalität in diese Verwüstungen hereinzubringen.

1933 hatte Reichspropagandaminister Joseph Goebbels den deutschen Rundfunk zum Instrument nationalsozialistischer Propaganda gemacht und ausgerufen: »Der Rundfunk gehört uns. Niemandem sonst!« Jetzt war es für die amerikanischen Besatzer natürlich schwierig, genau dieses Medium zu nehmen, um die Menschen zu informieren. Durch die Papierknappheit, die herrschte, war es nicht möglich, ausreichend Zeitungen zu drucken, aber einen funktionierenden Radioapparat hatten noch viele Menschen. Also schien es sinnvoll zu sein, Nachrichten über ein neues Rundfunksystem zu verbreiten.

Ilse Weitsch gehörte zu den Frauen, die ein Radiogerät besaßen und voller Neugierde mitverfolgten, was die Amerikaner ab Mai 1945 über »Radio Mün-

chen« sendeten. Manchmal musste sie den Kopf schütteln bei dem, was sie hörte. So auch an dem Tag, als sie sich ins Rundfunkhaus in der Arnulfstraße, in der Nähe des Hauptbahnhofs, aufmachte. Es war zuvor ein Aufruf an die Bevölkerung erfolgt, man solle doch Schränke und Truhen öffnen und den Leuten, die nichts mehr hätten, von seinen Reichtümern abgeben. Das konnte Ilse Weitsch nicht auf sich beruhen lassen. Sie erklärte den »Rundfunkoffizieren«, als sie zu ihnen vorgelassen wurde, dass sich in den Truhen und Schränken keine Reichtümer mehr befänden, um irgendetwas abgeben zu können. Die frühere Krankenschwester, Fürsorgerin und studierte Volkshochschullehrerin, die zudem vier Kinder, ihre alten Eltern und einen großen Garten zu versorgen hatte, musste wohl sehr überzeugend aufgetreten sein, denn die Amerikaner schlugen ihr vor: »Dann machen Sie es doch. Machen Sie eine Sen-

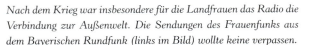

dung, die den Leuten da draußen in ihrem Alltag hilft.« Einen Frauenfunk zum Beispiel. Es lag ja in der Hand der Frauen, das Chaos der Nachkriegszeit zu bewältigen, weil viele Männer gefallen, in Kriegsgefangenschaft oder verwundet waren.

Sie besprach diesen Vorschlag mit ihrem Mann Eduard Weitsch, der einer der bedeutendsten Repräsentanten der Erwachsenenbildung in der Weimarer Republik gewesen war. Zusammen mit seiner Frau war er von den Nationalsozialisten aus der Erziehungsarbeit ausgeschaltet worden. Er ermutigte sie, diese Angebot anzunehmen – und Ilse Weitsch sagte zu. Für ihre neue Herausforderung suchte sie sich noch zwei Mitstreiterinnen aus. Die eine war Liselotte Adam, eine ehemalige Schauspielerin, die ihre Kinder alleine ernähren musste, weil ihr Mann – ein Psychoanalytiker – in russischer Kriegsgefangenschaft war, und die andere die ledige Volkswirtin Emmy Heilmeier.

Wie man eine Rundfunksendung gestaltete, davon hatten diese drei Frauen keine Ahnung, aber wie man den Alltag unter schwierigsten Bedingungen bewältigt, davon verstanden sie eine ganze Menge. Und so packten sie ihre Aufgabe voller Elan an. Der neu gegründete Frauenfunk mit seiner fast täglich ausgestrahlten Sendereihe »Guten Morgen, liebe Hausfrau« informierte über Lebensmittelkarten und Kochrezepte, um mit den spärlichen Lebensmitteln dennoch

eine Mahlzeit auf den Tisch bringen zu können. Es wurden Vermisstenmeldungen herausgegeben, man berichtete über die aktuellen politischen Ereignisse und sendete – um die Menschen aufzumuntern – Musik und Hörspiele, in denen die damaligen Sorgen der Menschen humorvoll dargestellt wurden.

Für die Hörerinnen in der Stadt und auf dem Land war der Frauenfunk bald unentbehrlich. Mit jeder Frage konnte man sich an ihn wenden. Die »Frauen im Radio« wussten einfach auf alles eine Antwort. Das dachte sich auch eine Bäuerin, die weit von München entfernt ihren Hof bewirtschaftete. Sie litt unter Problemen in ihrer Ehe und nahm deshalb eine mehrstündige Zugfahrt auf sich, um von ihrem Dorf in die Großstadt München zu gelangen. Vom Hauptbahnhof aus marschierte sie zu Fuß ins Funkhaus, um die Frauenfunk-Redakteurinnen um Rat zu fragen. Sie meinte zu ihnen: »Ihr seids doch die, wo für die Frauen da sind, net wahr?« Leider ist nicht bekannt, was für einen Tipp sie bekommen hat.

Gerade für die Bäuerinnen war der Frauenfunk sehr wichtig. Bei all ihrer Arbeit kamen sie nicht dazu, Zeitung zu lesen. Doch wenn sie in der Küche Kartoffel schälten und Strümpfe stopften, konnten sie alles mitverfolgen, was es so Wissenswertes gab, ohne ihre Tätigkeiten zu vernachlässigen. Sie erfuhren, wie amerikanische Landfrauen ihre Farmen bewirtschafteten oder was sich hinter den Berufen Kükenprüfer und Regenwurmzüchter verbarg und welche neuen Haushaltsgeräte auf den Markt kamen.

Für spezielle Fragen hatten die Redakteurinnen die Sendung »Die Bäuerin fragt – wir antworten« eingerichtet, in der Briefe von Hörerinnen beantwortet wurden. Eine Bäuerin schrieb zum Beispiel, dass sie sich wegen des Fleisches und der Wolle Bergschafe halte. Nun habe sie gehört, dass man diese aber auch melken könne. Doch wie bekäme man die Tiere dazu, dass sie stillhielten? Und gäbe es bestimmte Methoden, wie man schließlich die gewonnene Milch weiterverarbeiten könne? Eine andere fragte: »Unser kleines Dorf liegt so abseits von aller Welt, dass wir außer dem Radio und der täglichen Zeitung gar nichts haben. Wie gern würden wir uns Zeitschriften und Illustrierte halten, aber dazu fehlt das Geld. Liebes Radio, weißt du einen Rat, wie wir billig zu so etwas kommen?« Die Redakteurinnen rieten ihr, sich mit anderen Bäuerinnen zusammenzutun und sich gemeinsam eine Zeitschrift zu leisten.

Neben den praktischen Ratschlägen setzte sich der Frauenfunk auch immer wieder mit dem Berufsbild der modernen Bäuerin auseinander und informierte über Ausbildungsmöglichkeiten von Bauerntöchtern. In einer Sendung von 1964 – Lore Walb hatte inzwischen die Verantwortung übernommen, Ilse Weitsch war 1958 gestorben – wurde dafür plädiert, dass die Frau in einem landwirtschaftlichen Betrieb einen Bereich eigenverantwortlich übernehmen sollte, zum Beispiel die Kälberaufzucht. Denn ein gleichberechtigtes Miteinander von Frauen und Männern entspräche den heutigen Anforderungen an einen modernen Betrieb. Und das sei auch zu realisieren, wenn die Landfrauen den Haushalt mit

so wenig Arbeitsaufwand wie möglich gestalten würden. So sei es zum Beispiel sehr zeiteinsparend, das Brot nicht mehr selbst zu backen, sondern zu kaufen.

Der Frauenfunk ließ auch Stimmen zu Wort kommen, die Gegenpositionen bezogen. In einer Sendung von 1962 wurde die Rede eines Redakteurs unkommentiert ausgestrahlt, in der dieser energisch forderte, man müsse die Bäuerin »vom Feld verjagen«, sollte sie nicht freiwillig dem Mann die Landwirtschaft überlassen. Sie würde mit ihrer Mithilfe die Modernisierung blockieren, es wäre viel sinnvoller, wenn sie sich allein um den Haushalt und die Kinder kümmern würde. Der Mann vertrat die damaligen Ansichten der Agrarpolitiker, wie sie bereits in Kapitel vier erwähnt wurden.

Der Frauenfunk engagierte sich sehr für die Emanzipation der Frau, es wurde aber doch immer eine breite Meinungsvielfalt gewährleistet. Dadurch wurden die Hörerinnen nicht bevormundet, sondern mit ihren Fragen und Anliegen ernst genommen.

1968, als die Redakteurinnen einen männlichen Mitarbeiter einstellten – ein Ausdruck ihres Emanzipationsverständnisses –, hatte das zur Folge, dass der Frauenfunk gegen den Willen von Lore Walb in Familienfunk umbenannt wurde.

Das Dilemma mit den anspruchsvollen Stadtdamen

Die Anforderungen, die täglich an Geist und Körper des Einzelnen gestellt werden, werden immer größer, und jeder Geschäftsmann, jeder Beamte muss heute seine ganze Kraft einsetzen, um all den Aufgaben, welche an ihn herantreten, zu genügen, und daher ist es auch ganz erklärlich, wenn mehr und mehr bei allen sich das Bedürfnis einstellt, alljährlich Erholung und Kräftigung in Bädern und Sommerfrischen zu suchen, damit die vom Aktenstaub und Großstadtluft angegriffenen Organe durch Einatmen von Seeluft, durch Bewegung in Gottes freier Natur wieder gekräftigt werden.« So wird 1904, in einem Reiseführer über Schleswig-Holstein, die Notwendigkeit der Sommerfrische formuliert. Dem Adel nacheifernd, hatten sich zunächst die wohlhabenden Bürger – dann auch die Beamten – aufgemacht, die heißen Monate des Jahres auf dem Land zu verbringen. Mit diesem Tun vermochten sich die Privilegierten vom einfachen Volk abzusetzen und zu demonstrieren, dass sie es sich leisten konnten, dem Müßiggang nachzugehen.

Die Natur, in der die Städter Erholung suchten, wurde von den sogenannten Verschönerungsvereinen – den Vorgängern der Fremdenverkehrsvereine – immer mehr erschlossen. In den Alpengebieten

führte das dazu, dass man Berghütten baute und Wanderwege anlegte, in Schleswig-Holstein Bänke und Tische in den Wäldern und an Seeufern aufstellte.

In Bayern ging es den Sommerfrischlern aber nicht nur um Erholung, sondern auch um das volkstümliche Leben. Und das wurde ihnen auch geboten. Obwohl viele Dorfbewohner langsam viel lieber städtische Kleidung trugen, holten sie wieder ihre Trachten hervor, dringendst empfohlen von den örtlichen Verschönerungsvereinen. Die Feriengäste liebten die bunten Trachten, besonders bei den organisierten Volksmusikabenden. Ein Zeitgenosse kritisierte Ende des 19. Jahrhunderts die »wahren Affenkostüme« und erzählte aus dem touristischen Österreich: »In Graz sah ich eine Tiroler Sängergesellschaft, die Männer mit blau-weiß gefärbten Hahnenfedern und braunen Samtjacken, die Damen in prallrothen Klei-

dern. Na, die Stiere auf unseren Almen würden eine Freude haben über die prallrothen Sennerinnen.« Aber die Aufmachung der Sängerinnen war ja nicht für die Stiere gedacht, sondern für die Urlauber. Und die hatten offensichtlich Gefallen daran.

Die Bauernfamilien stellten sich ebenfalls auf den Zulauf der städtischen Sommerfrischler ein. Sie rückten während der entsprechenden Monate zusammen, um freie Zimmer für sie zur Verfügung stellen zu können. Schließlich waren die Vermietungen eine willkommene Einnahmequelle. Der Schriftsteller Eugen Roth schrieb: »Der Landwirt hat längst begriffen, dass man auch von zweibeinigen Rindviechern gut leben kann.«

Barbara Passruggers Ziehmutter nahm ebenfalls Sommergäste auf. Ein österreichisches Ehepaar mit dem französischen Namen Gardeneau verbrachte jedes Jahr vier oder fünf Wochen bei ihnen. Barbara musste mithelfen, um ihnen den nötigen Komfort zu bieten. Dass dabei zwei Welten aufeinanderstießen, zeigt sich in einer von ihr erzählten Begebenheit: »Die Frau Gardeneau hab ich wegen ihrer Schönheit sehr bewundert, dass sie so sanft gerötete Wangen trotz sonstiger Blässe hatte, und dann die schönen Haare! Manchmal dachte ich: Wunder ist es wohl keines, dass sie ein wenig eitel ist, wenn sie

so schön ist! Ich musste für sie in der Küche am Herd morgens immer einen großen Zehnliterhafen mit Wasser aufstellen, damit sie sich warm waschen konnte, und es ihr vors Zimmer stellen. Einmal trug es sich zu, dass ich, als die beiden aufstanden, außer Haus war, und daher auch nicht hörte, dass sie geklopft hatte, was das Zeichen fürs Wasserbringen war. Als ich es dann bemerkt hab, war sie schon ungehalten und hat bereits sehr heftig geklopft. Ich bin schnell hinauf, dachte mir: ›Na, hiatz stell i's ihr eine!‹ (Jetzt stelle ich es ihr hinein.) Ich war, als ich im Zimmer stand, ganz weg und furchtbar enttäuscht! Ich dachte, da steht wer Fremder! Sie stand da, wie sie ›natürlich‹ aussah, und ich wusste damals doch nicht, dass sich ein Mensch schminken und eine Perücke aufhaben kann! Ich konnte nicht einmal ›Guten Morgen!‹ sagen. Sie hatte fast keine Haare, man sah die Kopfhaut. Sie war verlegen, weil sie merkte, was in mir vorging. Ich stellte den Krug ab und ging. Unter der Tür musste ich mich in meiner Perplexität noch einmal umdrehen, um mich zu vergewissern, ob das tatsächlich stimmt.«

In die Sommerfrische zu gehen, das war ein Statussymbol, gehörte es zu einem gehobeneren Lebensstil. Sogar in den Anstandsbüchern wurde beschrieben, wie man sich auf diesen Reisen zu verhalten hatte. Aber das führte auch dazu, dass auf dem Land besonders die Damen nicht immer mit offenen Armen empfangen wurden. Lena Christ schildert in

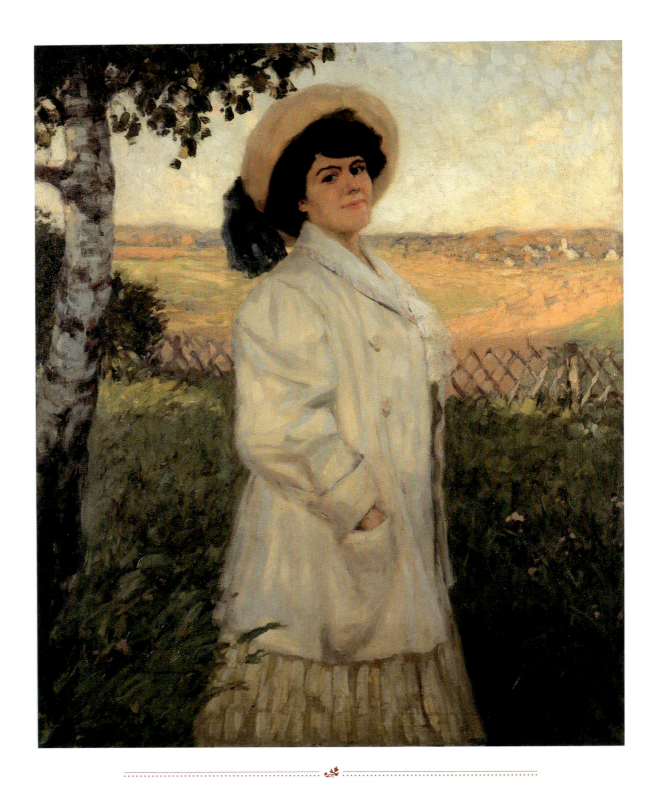

Wie die elegante Dame auf dem Gemälde von Leo Putz (1869–1940) haben vielleicht die vornehmen Sommerfrischlerinnen ausgesehen, die auf dem Land Freiheit und Erholung suchten. Nicht immer verlief das Zusammentreffen der Städter mit den Bauersleuten harmonisch, wobei das Geld für die vermieteten Zimmer immer willkommen war. Rechte Seite: Die junge Senne-rin sitzt vor der Oswaldhütte in Vorderriß, um 1938.

ihrem Buch *Madam Bäurin* von der reichen Schier-moser-Bäuerin, die keine »Städtischen« mag, aber da sie eben gutes Geld bringen, macht sie eine Ausnahme und lässt einige von ihnen in ihren »üppigen Flaumbetten« schlafen. »Und wenn sie auch darüber brummt, dass ihr die ›verhungerten Stadterer den Schmalzhafen, die Mehltruhen und die Eierschüsseln leer fressen‹, so ist ihr das Geld, welches die Sommergäste bei ihr sitzen lassen, doch eine so willkommene Nebeneinnahme.« Deshalb machte auch sie einige Zimmer frei und verteilte die Kinder in andere Betten, unters Dach oder zur Großmutter.

Zu den regelmäßig wiederkehrenden Gästen gehörten die verwitwete adelige Rechtsrätin Scheuflein, ihre ledige Schwägerin Adele und Tochter Rosalie. Während die verarmte, aber standesbewusste Rechtsrätin nur widerwillig und aus Prestigegründen zu dem einfachen Bauernvolk fährt, genießen Adele und Rosalie den Aufenthalt auf dem Land. Rosalie liebt das Heuen und Melken und hilft überall mit. Die Mägde und Knechte sind begeistert von ihrer Tüchtigkeit, und ganz besonders erliegt Bauernsohn Franz ihrem Charme. Die Rechtsrätin ist jedoch aufgrund des ungehörigen Betragens ihrer Tochter ständig der Ohnmacht nahe, und die Bäuerin sieht in der sich anbahnenden Liebschaft den niederträchtigen Versuch einer verarmten »Stadtmamsell«, sich ins gemachte Nest zu setzen. Um die Beziehung zu unterbinden, präsentiert sie ihrem Sohn eine Heiratskandidatin, eine reiche Bauerntochter. Doch Franz lässt sich nicht von seiner Zuneigung zu der Städterin abbringen. Auch der Versuch der gestandenen Bäuerin, ihre Familie gegen dieses »Weibsbild« aufzuhetzen, scheitert. Empört muss sie feststellen: »Alle halten sie zu dieser Stadtbrut.«

Als die Schiermoserin aus Protest den Hof verlässt und zu ihrer Mutter zieht, macht sie den Weg

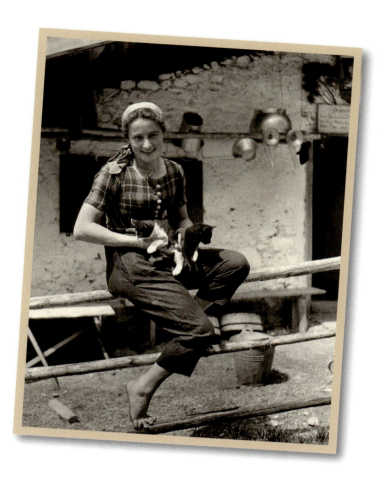

frei für Rosalie. Diese heiratet Franz, und erst als die beiden ein Kind bekommen, vergisst die Bäuerin ihren Groll und ihre Vorurteile. Sie kehrt auf den Hof zurück, um sich mit ihrer Schwiegertochter zu versöhnen.

In die Sommerfrische zu fahren war für städtische Frauen, ganz gleich ob ledig, verheiratet oder verwitwet, eine der wenigen Möglichkeiten, ohne männliche Begleitung Ferien zu machen. Oft war der Urlaubsort nicht weit von ihrem Zuhause entfernt, sodass die Männer während der Woche ihrer Arbeit nachgingen und sich nur am Wochenende zu ihrer Familie aufs Land begaben. Die Frauen genossen – frei von gesellschaftlichen Zwängen und Verpflichtungen – die Sommermonate in herrlicher Natur und frischer Luft. Und manche ließen sich sogar eine der schönen Trachten anfertigen, um sich als Teil dieser ländlichen Welt zu fühlen.

KAPITEL VI

Moderne Landfrauen

Bäuerinnen sind heute selbstbewusst, innovativ und gut ausgebildet. Sie verstehen sich als Unternehmerinnen und wissen, wie man einen Betrieb führt. Die dazu notwendigen Kenntnisse erwerben sie sich durch ein Studium und Fortbildungen. Anstatt über die schwierigen Bedingungen in der Landwirtschaft zu klagen, suchen sie eigene Wege, um zum Familieneinkommen beizutragen. Dabei gehen sie durchaus strategisch vor. Sie überlegen sich, welche Voraussetzungen ihr Hof bietet, was sie selbst an besonderen Fähigkeiten einbringen und wofür sie sich begeistern können.

Frauen, die sich in einer Hightechwelt dazu entschließen, als Bäuerin zu arbeiten, tun dies aus Überzeugung. Hinter ihrer Entscheidung stehen keine äußeren Zwänge mehr, keine familiären Erwartungen, sondern die Lust am kreativen Management, an den Möglichkeiten, etwa Einfluss auf eine vernünftige Ernährung zu nehmen. Ländliches Leben ist für manche von ihnen sogar ein Modell für ein besseres und menschlicheres Miteinander.

Moderne Landfrauen kennen den bäuerlichen Alltag meistens seit ihrer Kindheit. Die österreichische Bauerntochter und Agrarwissenschaftlerin Margit Lamm hatte als Geschäftsführerin einer großen Firma Karriere gemacht und war im oberen Management angekommen.

Doch sie wurde nicht glücklich in diesem Beruf. Erst als sie zu ihren Wurzeln zurückkehrte und ihren Traum von einer gesunden Landwirtschaft verwirklichen konnte, war sie bei sich angekommen. Bei der Schweizerin Rosa Widmer-Spichiger war es die Liebe – zuerst zu einem Mann, dann zu seinem Hof –, die sie zur Landwirtschaft zurückbrachte. Neben Stallausmisten und Heuen hat sie weitere Interessen für sich entdeckt, etwa kunstvolle Brote zu backen und Kindern die bäuerliche Welt nahezubringen. Ulrike Röhr aus Schleswig-Holstein hat ihre Leidenschaft für ländliche Frauenpolitik entdeckt und bringt sich dort mit ihren Ideen ein. Und Walburga Loock, die in Bayern lebt, ist zu einer Kürbisexpertin geworden und hat ihr Wissen mit ihrem Faible für Kunst und Gourmet verbunden. Anna Brenninger, eine Bäuerin, die den Hof bereits an ihren Sohn übergeben hat, fand im Alter zu ihrem Beruf als Schneiderin zurück und näht heute ausgefallene Dirndl und Trachten.

Moderne Landfrauen haben Biografien, die mit denen ihrer Mütter und Großmütter nicht mehr zu vergleichen sind. Jede Bäuerin von heute sucht sich eigene Aufgabenfelder. Was ihnen jedoch gemeinsam ist, das ist ihr besonderes Engagement für das, was sie für sich als Herausforderung, Chance oder Hobby entdeckt haben, und ihre große Offenheit für Neues.

Kälber, Rosen aus Brot und Kartoffeln für Kinder

Die Vielseitige

Auf einer sanften Anhöhe im Schweizer Kanton Solothurn liegt der Bauernhof von Rosa und Urs Widmer-Spichiger, umgeben von Wiesen und Feldern, mit einer herrlich weiten Sicht nach allen Seiten. Den Ausblick werden die Kühe auf dem Grünland vielleicht nicht zu schätzen wissen, das saftige Gras und die frische Luft schon eher. Die meiste Zeit des Jahres verbringen die Tiere des Widmerhofs auf der Weide.

Das Anwesen ist seit mehreren Generationen im Besitz der Familie, die Schwiegereltern von Rosa wohnen inzwischen in einem schönen Nebengebäude, im Stöckli. Um die Nachfolge müssen sie und ihr Mann sich keine Gedanken machen: Sohn Christoph hat vor Kurzem seine landwirtschaftliche Lehre abgeschlossen und arbeitet seitdem auf dem Hof. Er wollte nie etwas anderes machen, schon als Kind hielt er sich eigene Schafe. Das sagt viel darüber aus, wie positiv seine Eltern ihr Leben als Landwirt und Bäuerin sehen und dies auch vermitteln. Rosa strahlt Zufriedenheit und Gelassenheit aus, dabei weiß sie genau, was sie will.

Zum Widmerhof gehören Milchkühe, Kälber, Rinder, Schweine, dazu kommen noch Feld- und Ackerland sowie einige Hektar Wald. Es ist noch nicht lange her, da stand Rosa um fünf Uhr auf und machte gemeinsam mit ihrem Mann und ihrem Schwiegervater die Stallarbeit und kümmerte sich darum, dass die Kühe gemolken wurden. Nun hat Christoph diese Aufgabe übernommen. Sie selbst arbeitet nach wie vor auf dem Feld mit, beim Heumachen oder beim Strohaufladen. In Spitzenzeiten, wenn die Anforderungen sich häufen, helfen alle mit, auch die beiden Töchter Stefanie und Regula.

Mit landwirtschaftlichen Tätigkeiten ist Rosa seit ihrer Kindheit vertraut. Geboren wurde sie 1957,

und zusammen mit zwei Schwestern wuchs sie auf einem Bauernhof in einer Großfamilie auf. Die Eltern wohnten auf dem Anwesen, die Großmutter, auch ein Onkel mit seiner Frau und vier Cousinen. Die Erfahrung, mit verschiedenen Generationen zusammenzuleben, eigene Interessen zurückzustecken und Kompromisse zu schließen, kam ihr später zugute, als sie in den Hof ihres Mannes einheiratete. Das dauerte bis dahin aber noch eine Weile. Zuvor wurde sie Lehrerin und unterrichtete neun Jahre an einer Primarschule. In den Ferien reiste sie viel, half aber auch ihren Eltern bei der Ernte oder anderen notwendigen Arbeiten. Eines Abends lernte sie beim Tanzen Urs kennen. Dass er einen Hof hatte, störte sie nicht. Sie konnte sich gut vorstellen, ihren Beruf als Lehrerin aufzugeben und Bäuerin zu werden.

Die beiden heirateten 1986 – Rosa war damals achtundzwanzig Jahre alt –, und weil sie für ihr neues Arbeitsfeld eine fundierte Ausbildung haben wollte, absolvierte sie mit Erfolg die Bäuerinnenschule. Dabei half ihr, dass sie sich auf dem Hof ihrer Schwiegereltern gut in ihr neues Berufsleben einarbeiten konnte. Die Tätigkeit auf dem Feld war hier auch leichter als bei ihren Eltern, weil die Gegend, in der ihr Mann den Hof hat, für sie fast schon Flachland ist. Von zu Hause war sie ganz andere Hänge gewohnt.

Anfangs hatte sie sich noch mit ihrer Schwiegermutter Küche und Badezimmer geteilt. Auch wenn das Zusammenleben nicht immer einfach war, so fühlte sie sich doch akzeptiert. Nach der Hofüberga-

be aber trennten die beiden Frauen die Haushalte. Dass Rosa nun nicht mehr über eine Außentreppe zu den zuvor gemeinsam genutzten Räumen gehen musste, erleichterte ihr Alltagsleben enorm.

Mit dem Stall und dem Garten hatte sie genug zu tun, dennoch ließ sie es sich nicht nehmen, die Buchhaltung für den Hof zu machen. Außerdem war sie noch für die Bäuerinnenprüfung tätig. Dabei musste sie die Abschlussarbeiten korrigieren und stellte bei den mündlichen Prüfungen Fragen. Trotz der vielen Arbeit war es für sie aber wichtig, Zeit für ihre drei Kinder zu haben. Ganz leicht war das nicht, aber sie verzichtete nur ungern darauf, ihnen abends vorzulesen oder bei den Schulaufgaben zu helfen. Manchmal passte Urs' Mutter auf das Trio auf, wenn Rosa dringend auf dem Feld gebraucht wurde.

Das kam nicht oft vor, aber war es notwendig, während der Ernte bis in die Nacht hinein zu arbeiten,
so stimmte es sie traurig, wenn sie ihren Kindern
abends nicht aus einem der Bücher etwas erzählen
konnte. An solch einem arbeitsreichen Tag, als sie
gerade auf dem Feld hackte, kam eine Mutter aus
dem Dorf mit ihrem Kind vorbei, die zu ihr sagte:
»Hast du es gut! Du hast jemanden, der deine Kinder hütet.« Die Frau war den ganzen Tag allein mit
ihrem Kind, weil ihr Mann tagsüber auswärts arbei-

tete. Diese Bemerkung zeigte ihr, dass es durchaus
auch andere Sichtweisen auf ein Leben als Mutter
gab, auch wenn sie diese nicht wirklich verstehen
konnte. Sie selbst hätte gern mehr Zeit mit ihren
Kindern verbracht.

Neben ihren täglichen Aufgaben hatte sie aber
noch mehr Interessen. Schon in der Schule hatte sie
gern Musik unterrichtet , deshalb gab sie den Kindern
im Dorf Flötenunterricht. Nach der Hofübergabe

1994 hatte Rosa den Einfall, den großen Ofen, der
sowieso eingeheizt werden musste, besser auszu-
nutzen. So backte sie mehr Brote und Hefezöpfe, als
die Familie für den eigenen Bedarf brauchte, um sie
im Ort zu verkaufen. Viele Bäuerinnen haben diese
Idee aufgegriffen, aber damals, in den Neunziger-
jahren, war sie neu. Schnell sprach sich herum, dass
ihre Bäckereien besser schmeckten als von so man-
chem Bäcker oder vom Supermarkt. Für Rosa war es
ein guter Nebenverdienst.

Überhaupt war sie sehr einfallsreich, wenn es
darum ging, zum Einkommen des Hofes beizutragen.
Aus den einfachen Broten wurden bald kunstvolle
Bildbrote. In der Bäuerinnenschule hatte sie gelernt,
aus Teig Rosen zu formen. Nun gestaltete sie aus
Hefeteig Brote mit Ähren oder Weintrauben, auch
mit Tennisschläger und Tennisbällen, wenn ein
Kunde es wünschte. Ihre essbaren Kunstwerke stellte
sie unter anderem auf landwirtschaftlichen Ausstellungen aus, wo sie auch Anregungen für neue Motive
fand. Sie hatte den Einfall, Backkurse anzubieten,
nicht nur für Erwachsene, sondern auch für Kinder.
Diese Kurse gibt sie noch immer, besonders beliebt
sind sie in der Adventszeit.

Sie baute die Direktvermarktung weiter aus und
verkauft nun selbst gemachte Marmelade, Kekse und
Süßmost, zudem je nach Saison Produkte aus ihrem
Garten: Kartoffeln, Beeren oder Stangenbohnen. Das
Backen von Holzofenbrot und Hefezöpfen hat sie
dabei nicht aufgegeben, jeden Freitag wird weiterhin
der alte Ofen angemacht. Sie liebt diese Tätigkeit,
weil sie dabei ihren eigenen Gedanken nachhängen
kann. Und was noch wichtiger für sie ist: »Ich möchte nicht nur verkaufen und damit Geld verdienen, ich
möchte auch immer in der Lage sein, anderen etwas
schenken zu können.« Großzügigkeit ist etwas, was
sie auch ihren Kindern vermittelt hat.

Seit einigen Jahren, nachdem die Schwiegereltern ins Stöckli gezogen sind und deren Räume frei wurden, gibt es eine Ferienwohnung auf dem Hof, eine weitere Einnahmequelle. Der Umgang mit den Übernachtungsgästen ermöglicht es ihr, zumindest einen kleinen Einblick in das Leben von Menschen zu erhalten, die für sie fremde Berufe haben, oft sogar aus anderen Ländern angereist kommen. Sie erfährt dadurch, wie die Landwirtschaft von außen gesehen wird – und manchmal lernt sie auch ihre eigene Arbeit und ihre Freiheit auf dem Hof wieder neu schätzen.

Doch nicht genug: Zwölf Jahre saß Rosa in der Redaktionskommission beim Schweizer Bäuerinnen- und Landfrauenverband und schrieb Artikel für die Bauernzeitschrift. Mit leuchtenden Augen erzählt sie: »Das war immer sehr interessant. Man konnte die Themen selber vorschlagen. Ich habe dabei viel gelernt, über Honig, die Hausapotheke oder über eine Alpbäuerin. Man musste Meinungen von verschiedenen Frauen einholen und ihre Sicht der Dinge darlegen. Dabei habe ich viele Kontakte zu Menschen bekommen, die ich sonst nicht kennengelernt

hätte, zum Beispiel zu einer Alpbauernfamilie, die einen Drogensüchtigen aufgenommen hat.«

Jetzt ist sie seit einigen Jahren Präsidentin des Bäuerinnen- und Landfrauenvereins Wasseramt im Kanton Solothurn. Sie leitet den Vorstand und die Vorstandssitzungen, organisiert verschiedene Veranstaltungen und arbeitet mit ihren Kolleginnen ein Programm aus, bei dem Koch-, Tanz- und Floristikkurse angeboten werden, auch Themen über Gesundheit und Schönheitspflege.

Ihre Freude an der Kommunikation mit Menschen und ihr Interesse, anderen die Landwirtschaft und ihre Produkte näherzubringen, haben sie motiviert, an einer kantonübergreifenden Ausbildung des Schweizer Bäuerinnen- und Landfrauenverbands zur Botschafterin für gesunde Ernährung teilzunehmen. Dort hat sie viel gelernt, nicht nur über Ernährung, sondern auch über Produktmarketing. Mit zwei weiteren Kolleginnen stellt sie seitdem in Supermärkten jährlich ein bäuerliches Produkt vor, zum Beispiel die Kartoffel oder Milch. Rosa ist davon überzeugt, dass dies die richtigen Orte sind: »Dort müssen wir

Liseli Spichiger, Mutter von Rosa Widmer-Spichiger, beim »Grasfuder heimführen«. Rechte Seite: Walburga Loock, die »Entdeckerin«.

hingehen, weil wir dort die Menschen treffen, die wir zum bewussten Einkaufen von gesunden und regionalen Lebensmitteln anregen wollen.« Auch über den Beruf der Bäuerin erfahren die Menschen dadurch mehr. Zwar ist das Image der Bäuerin in der Schweiz sehr gut, doch viele wissen nur noch wenig über die Arbeit dieser Frauen Bescheid.

Bei all ihrem Engagement findet sie aber auch einen Ausgleich für sich selbst. Sie ist Mitglied in einer Trachtengruppe, in der getanzt und gesungen wird. Das macht ihr viel Spaß. Sogar eine Kaffeepause, die sie sich früher kaum gönnte, kann sie inzwischen genießen: »Mit meiner Arbeit bin ich sowieso nie fertig.«

Wenn Rosa auf die Jahre als Bäuerin zurückblickt, ist sie sehr zufrieden mit ihrem Berufswechsel. Mit einem Lächeln sagt sie: »Es ist ein schöner Beruf. Ich war immer etwas egoistisch, weil ich eigentlich nur die Sachen getan habe, die mir Freude bereiteten. Ich habe vor allem Dinge gemacht, die nicht nur Geld, sondern mir persönlich etwas gebracht haben. Und ich konnte auch zu Hause arbeiten. Das habe ich sehr geschätzt.« Es kostete sie manchmal Mut, etwas Neues anzufangen, weil sie vorher nie wusste, ob es gelingen würde: »Aber das ist ja das Spannende an dem Beruf der Bäuerin, man bleibt nicht stehen, sondern entwickelt sich ständig weiter.«

Aus ihrer Sicht hat er sich sehr verändert. »Wenn ich daran denke, wie meine Mutter oder meine Großmutter als Bäuerinnen lebten, so war das bei den beiden Frauen ziemlich ähnlich. Sie haben die Schweine versorgt, sich um den Haushalt gekümmert und im Garten gearbeitet – das war ganz wichtig, dass eine Bäuerin einen schönen Garten hatte. Aber heute ist es völlig anders. Wir Bäuerinnen von heute haben viel mehr Freiheiten. Wir können selber

Sachen entwickeln und unser Leben eigenständig gestalten. Meine Mutter machte sich kaum Gedanken darüber, etwas anderes zu tun, obwohl ich weiß, dass sie gern ein Café gehabt hätte. Allerdings sind auch die Ansprüche an uns moderne Bäuerinnen größer geworden. Wir wollen allen Arbeitsbereichen gerecht werden. Das ist manchmal ein schwieriger Spagat.«

Rosa Widmer-Spichiger hat – wie kann es anders sein – wieder neue Pläne. Durch einen Marketingkurs kam sie auf die Idee, eine Flurbegehung, die es bisher nur für Erwachsene gab, auch Schulkindern anzubieten. Vor Ort will sie ihnen zeigen, wie etwa eine Kartoffel wächst, was daraus gemacht wird und wie gesund sie ist. Kinder liegen ihr am Herzen, denn sie sind die Konsumenten von morgen. Wie das Projekt ankommen wird, weiß sie nicht. »Aber ich versuch es einfach und lass mich überraschen.«

Als Bäuerin hat sie nicht nur Möglichkeiten gefunden, ihre vielseitigen Interessen einzubringen, sie hat mit der Flurbegehung auch eine Verbindung zu ihrer früheren Arbeit als Lehrerin geschaffen. Nun kann sie Kindern ihr Wissen über Pflanzen und Tiere in einer freieren Weise vermitteln, als es ihr im Schulbetrieb je erlaubt gewesen wäre – sicher auch zur Freude der Jungen und Mädchen.

Kürbisse in allen Variationen

Die Entdeckerin

Wenn im Spätsommer die Kürbisse reif werden und ihre warmen Farben den Herbst ankündigen, pilgern viele Menschen in das »Kürbis-Paradies«, ein idyllisch gelegenes Hofgut mit Kapelle in Sickertshofen nahe bei München, das vor der Säkularisierung dem Kloster Indersdorf gehörte. Auf dem weitläufigen Gelände stehen Ställe, in denen Rinder und Schweine gehalten werden, und um das Anwesen ziehen sich Felder mit Getreide, Mais, Zuckerrüben und Kürbissen. Letztere wurden hier zwar nicht erfunden, aber dennoch neu entdeckt.

Als der Kürbis aus den Bauerngärten und damit auch aus den Küchen längst verschwunden war, begann die 1958 geborene Walburga Loock, eine herzliche, übersprudelnde Bäuerin, Kürbissamen zu sammeln und diese Früchte anzubauen und zu kultivieren. Das war Ende der Achtzigerjahre. Der Grund dafür war, dass die Bäuerin im Herbst mit ihren Kindern einen Kürbis schnitzen wollte. Als Kind hatte sie sich damit gequält, aus den harten Futterrüben Gesichter zu gestalten, um in sie Kerzen hineinzustellen. Ihre Mutter wäre niemals auf die Idee gekommen, dazu den viel weicheren Kürbis

zu verwenden, obwohl er bei ihnen im Garten wuchs. Doch so sehr sie auch nachfragte, keine der Bäuerinnen aus ihrem Dorf zog dieses fleischige Gewächs mehr. Als Walburga ihre Mutter fragte, warum denn niemand Kürbisse anbauen würde, erklärte diese, es läge daran, dass es keine Samen mehr gäbe.

Walburga Loock ließ die Antwort keine Ruhe – und sie machte sich regelrecht auf die Suche nach den letzten Kürbissen in ihrer Heimat. Schließlich wurde sie fündig. Im entfernten Verwandtenkreis gab es eine Frau, die noch die alte deutsche Sorte »Gelber Zentner« anpflanzte und ihr ein Exemplar schenkte. Sie trocknete die Samen, und im darauffolgenden Jahr säte sie diese aus. Schon bald bedeckten Kürbisranken ihren Gemüsegarten. Ihre erste Ernte war ein voller Erfolg – und der Beginn einer großen Leidenschaft. Am Anfang verwendete sie die Kürbisse nur zum Dekorieren und zum Schnitzen, nicht zum Kochen oder Backen. Lachend sagt die schicke, ländlich gekleidete Bäuerin: »Ich kannte ja nur zwei Rezepte, das war Kürbiskompott und Kürbis süßsauer eingelegt. Beides hat mir bei meiner Mutter nie geschmeckt. Das Kürbiskompott sah zwar aus wie ein köstliches Ananaskompott, aber wenn man es aß, schmeckte es keineswegs danach.«

Die Begeisterung für Gartenbau und Landwirtschaft wurde ihr in die Wiege gelegt. Walburga wuchs auf einem großen Bauernhof im Dachauer Land mit sechs Geschwistern auf und musste schon früh mithelfen. Die Arbeit im Stall machte ihr dabei mehr Spaß als die im Haus. Die Eltern waren gern Bauern und vermittelten diese Freude auch den Kindern. »Wir hätten alle den Hof übernommen«, sagt sie, »aber es war klar, dass einer der Brüder dies tun würde.«

Nach dem Abitur wollte sie studieren. Sie entschied sich für Ökotrophologie (Haushalts- und Ernährungswissenschaften), denn zumindest im Grundstudium war dieses Fach nicht allzu weit von der Landwirtschaft entfernt. Da sie aber nicht gleich damit beginnen konnte, schrieb sie sich während ihrer Wartezeit an der Fakultät für Französisch und Theologie ein. Sie blieb dabei, das Lehrerstudium machte ihr Spaß. In dieser Zeit verliebte sie sich auch in einen Freund ihres Bruders, den angehenden Diplom-Landwirt Ulrich Loock. Als sie heirateten, bedeutete dies für sie: Den Beruf als Lehrerin konnte sie vergessen, sie würde Bäuerin werden. Am Anfang fiel ihr diese Entscheidung nicht leicht.

Was Walburga anpackt, macht sie jedoch gründlich. Deshalb begann sie nach ihrem Studium eine Lehre als Ländliche Hauswirtschafterin, wobei sie den praktischen Teil der Ausbildung bei ihrer Schwiegermutter absolvierte. Als »Lehrmädchen« nach Anweisungen zu arbeiten war nicht ganz einfach für eine Frau, die zuvor Klassen angeleitet hatte. Nach der Gesellenprüfung war sie als Angestellte auf dem Hof ihrer Schwiegereltern tätig und begann die dreijährige Vorbereitung auf die Meisterinnenprüfung. Die war notwendig, um später selbst ausbilden zu können. Die Belastungen waren in dieser Zeit hoch, wie sie sich erinnert: »Ich hatte damals schon meine drei Kinder und außerdem den eigenen Haushalt. Ich wohnte mit meinem Mann im Dorf, in Schwabhausen, weil ja noch seine jüngeren Geschwister auf dem Hof lebten. Deshalb pendelte ich von meinem Haushalt zu dem meiner Schwiegermutter, stillte mein jüngstes Kind beim Kartoffelschälen und lernte zugleich für die Prüfung.«

Kurz nachdem sie sich Meisterin nennen konnte, zogen Walburga und Ulrich mit ihren Kindern Christian, Stephan und Franziska auf den Hof. Die Schwiegereltern waren aus dem geräumigen Bauernhaus nebenan ins Austragshaus gezogen. Vom ersten

Bail Franck 1910

Tag an war klar, dass Walburga nun die Chefin sein würde. Der Wunsch der Kinder nach einem ausgehöhlten Kürbis war dann der Auslöser für ihre Kürbisleidenschaft. Nachdem sie ihre erste Ernte eingebracht hatte, begann sie Kürbissamen aus der ganzen Welt zu sammeln. Von amerikanischen Verwandten ließ sie sich welche schicken, und wenn Freunde irgendwohin reisten, bekamen sie einen Auftrag mit auf den Weg: »Und vergesst ja nicht, mir Kürbissamen mitzubringen!« Ihr Saatgut wurde dadurch internationaler, mal wurde es aus Japan mitgebracht, mal aus Kalifornien. Und machte sie selbst Urlaub, in Italien oder Frankreich, ging sie auf jeden Markt, um ihr unbekannte Kürbisvarianten zu kaufen und deren Samen zu trocknen.

Als ihre Sammlung auf über fünfzig Kürbissorten angewachsen war, überlegte sie sich, ob es nicht einen Markt dafür gäbe. Im Dorfladen fragte sie nach, ob man dort ihre Früchte nicht auf Kommissionsbasis annehmen würde. Der Besitzer sah darin kein Wagnis, da die Kürbisse äußerst wirkungsvoll in seinem Geschäft zur Geltung kamen. Zudem hatte Walburga ihm versichert, dass sie alles wieder wegräumen würde, in dem Fall, dass er nichts loswerden würde. Es sprach also nichts gegen dieses Unterfangen. Innerhalb kürzester Zeit hatten sämtliche Kürbisse einen Abnehmer gefunden.

Wenn schon Dorfbewohner diese fleischigen Gewächse kaufen, so dachte sich Walburga, dann doch erst recht die städtische Kundschaft, die immer gern Ausgefallenes ausprobiert. In München suchte sie die besten Feinkostgeschäfte auf, gehobene Hotels sowie ein Sternelokal. Außerdem bot sie ihre Kürbisse ausgesuchten Floristengeschäften an, »also nicht solche, die vorrangig Usambaraveilchen verkaufen«.

Sie rannte offene Türen ein. Kürbisse – das war doch mal was Besonderes! Perfekt für neue Gerichte und hübsch als Herbstdekoration. Eine Wirtin beklagte sich einmal bei ihr: »Meine Köche klauen mir immer die Kürbisse, die ich so schön aufgebaut und arrangiert habe.«

Walburga ging es aber nicht nur um den Verkauf ihrer Schätze, sie wollte auch mehr über Anbau und Verwendung von Kürbissen wissen. Da es bis Ende der Neunzigerjahre kaum Bücher in deutscher Sprache über diese alte Kulturpflanze gab, musste sie sich französische und amerikanische Literatur besorgen. Sie rief auch in der Hochschule für Landwirtschaft und Gartenbau in Weihenstephan an und ließ sich mit einem Experten verbinden, der für Gemüse zuständig war: »Zuerst schien er ziemlich genervt zu sein. Dachte sich wohl: Schon wieder so eine Hausfrau, die nicht weiß, was sie den ganzen Tag über tun soll. Aber dann stellte sich im Verlauf des Gesprächs heraus, dass ich von Kürbissen mehr Ahnung hatte als er selbst. Da zeigte er sich ganz aufgeschlossen. Ich schickte ihm später Samen, und nach zwei Jahren sagte er dann stolz: ›Jetzt haben wir auch über achtzig Sorten.‹ Das war sehr praktisch. Wenn bei mir Samen nicht aufgingen, konnte ich in Weihenstephan Ersatz holen.«

Eines Tages entdeckte sie einen Prospekt mit einer Einladung zu einem Treffen von Kürbisfreunden im Rahmen einer kleinen Ausstellung im Münchner Botanischen Garten: »Da ging ich natürlich hin. Wir waren nur vierzehn Leute aus vier verschiedenen Ländern. In einer Ecke war ein Häufchen von verschiedenen Kürbissen aufgebaut.« Walburga sorgte mit einem Anruf bei der Presse dafür, dass der Präsentation größere Aufmerksamkeit zuteilwurde. Im September darauf füllten die Früchte bereits das große Viktoria-Gewächshaus. Heute ist sie als Kürbisexpertin bekannt und hat auch ein Buch über ihre leidenschaftliche Beziehung zu den gewichtigen Früchten mit Hintergrundinformationen und Rezepten geschrieben, ein Werk, »das auch Kenner überraschen wird«, wie es in einer Rezension heißt.

Als andere Bauernhöfe ihre Idee übernahmen, Kürbisse vor Ort zu verkaufen, entwickelte sie ein neues Projekt. Warum nicht die eigene Begeisterung

für diese bauchigen Gewächse mit ihrem Interesse für Kunst und Kultur verbinden? Gedacht, getan. Sie organisierte ein Hoffest unter dem Motto: »Kunst & Kürbis«. Dazu lud sie Floristen und Keramikkünstler, Textil- und Schmuckdesigner ein, bei ihr auszustellen. Außerdem wurden Gartenantiquitäten und Pflanzenraritäten angeboten – und natürlich Kürbisse in ihrer unendlichen Vielfalt. Mittlerweile wird dieses Ereignis jedes Jahr wiederholt, ergänzt durch weitere Festivitäten.

Walburga versteht sich als Bäuerin, die zugleich Geschäftsfrau ist. Sie besucht Weiterbildungskurse und wurde 2008 vom Bayerischen Landwirtschaftsministerium als »Unternehmerin des Jahres« ausgezeichnet. Die Ideen gehen ihr nicht aus. Schließlich sei sie ja Unternehmerin und nicht »Unterlasserin«, erklärt sie. Für die Zukunft hat sie schon neue Pläne. »Mal sehen, ob ich meine Männer dazu bringen kann, dass sie sich einen neuen Stall bauen und mir den alten Bullenstall überlassen. Der hat ein wunderschönes böhmisches Gewölbe, einen besseren Kultursaal könnte ich mir nicht vorstellen.«

Hightech auf weiten Feldern
Die Engagierte

Umgeben von weiten Feldern, am Rande einer Kleinstadt zwischen Lübeck und Hamburg, liegt der Hof von Ulrike und Christian Röhr. Das Wohnhaus ist umgeben von einem schönen Garten mit Blumenbeeten, Sträuchern und lauschigen Sitzgelegenheiten. In unmittelbarer Nähe befindet sich ein großer Gemüsegarten. Auf den angrenzenden Wiesen grasen einige Rinder und Kühe mit ihren Kälbern, die fast ein Jahr lang bei ihrer Mutter bleiben dürfen. Die für Schleswig-Holstein so typischen gelben Rapsfelder sind schon eine Weile verblüht.

Ulrike und Christian haben einen Ackerbaubetrieb, für schwäbische Verhältnisse ist dieser riesig, für norddeutsche nicht unbedingt. Angepflanzt werden verschiedene Getreidesorten und Zuckerrüben. Um bodenschonend zu arbeiten, haben sie auf eine pfluglose Technik umgestellt, bei der der Boden nur gelockert, aber nicht gewendet wird. Beim Pflügen nämlich werden die unteren Bodenschichten nach oben befördert und Regenwurmgänge, die für eine gute Durchlässigkeit des Bodens sorgen, zerstört. Ihren Hof betreiben die beiden in Kooperation. Mit einem anderen Bauernehepaar bewirtschaften sie die Felder gemeinsam, können sich modernste Landma-

schinen kaufen und diese dann äußerst effektiv einsetzen. Die Kosten für die Maschinen, das Saatgut oder Düngemittel werden anteilsmäßig geteilt, ebenso der Gewinn aus der Ernte.

In Spitzenzeiten, wenn das Feld bestellt, die Saat ausgebracht oder gedroschen wird, gibt es keine Pause. Selbst nachts stehen die Maschinen nicht still, durch gute Beleuchtung kann in Schichten durchgearbeitet werden. Christian und sein Kooperationspartner werden dabei von einigen ständigen Mitarbeitern sowie Saisonkräften, meistens Studenten, unterstützt. Doch fast noch wichtiger scheinen bei diesen Einsätzen ihre Hightechmaschinen zu sein: Der Traktor und die anderen landwirtschaftlichen Maschinen sind mit speziellen Computersystemen ausgestattet. Auch ein satellitengesteuertes Parallelfahrsystem wird eingesetzt, damit bei der Saat keine Anbaustellen ausgelassen werden. Bei der

Großes Gerät wird bei Familie Röhr in Schleswig-Holstein gebraucht, um die Felder zu bewirtschaften. Sie haben mit einer anderen Familie eine Kooperation, sodass sie sich die Kosten für die Maschinen teilen können. Rechte Seite: Ein typisch schleswigholsteinisches Reetdachhaus.

Ernte wird eine Kette gebildet, bei der sämtliche Arbeitsschritte aufeinander abgestimmt sind. Wichtige Informationen werden über Funk ausgetauscht.

Ulrike Röhr ist eine hochgewachsene, attraktive Erscheinung Anfang fünfzig, die so schnell nichts aus der Ruhe bringen kann, aber in Erntezeiten ist auch sie enorm gefordert. Da die einzelnen Ackerflächen bis zu fünfunddreißig Kilometer vom Hof entfernt liegen, können die Helfer nicht einfach nach Hause fahren, um zu Mittag zu essen. Deshalb bringt sie allen das Essen zu den goldgelben Getreidefeldern, auf denen riesige Mähmaschinen in breiten Bahnen das Korn schneiden. Und da meist auf mehreren Feldern gleichzeitig gearbeitet wird, muss sie verschiedene Standorte anfahren. Bevor es aber so weit ist, gibt es eine Menge zu tun: Tägliche Großeinkäufe gehören zu ihrer Logistik. Das Essen muss zubereitet und in Wärmebehälter und Transportkisten verpackt werden. Nicht vergessen darf sie die Kühltaschen mit den Getränken, in denen auch Kuchen – der ist wichtig – und Nachmittagsbrote aufbewahrt werden. Am Abend geht die Prozedur noch einmal von vorne los, die ganzen Wochen von Mitte Juli bis Ende Oktober.

Ist das Essen für die Nacht verteilt, reinigt sie in ihrer geräumigen Küche das benutzte Geschirr und beginnt mit den ersten Speisevorbereitungen für den nächsten Tag. Der zeitliche Aufwand, um die Erntehelfer bei Kräften – und auch bei Laune – zu halten, ist enorm groß. Zum Glück wechseln sie und ihre Kooperationspartnerin sich dabei ab. Die Zusammenarbeit in der Kooperation funktioniert also auf verschiedenen Ebenen.

Mit landwirtschaftlicher Arbeit ist Ulrike schon seit ihrer Kindheit vertraut. Sie ist auf einem Bauernhof aufgewachsen, auf dem es noch Schweine, Kühe und Schafe – das besondere Hobby ihrer Mutter – gab. Nach dem Abitur wurde sie Arzthelferin und heiratete 1979, mit einundzwanzig Jahren, den Landwirt Christian. Anfangs war sie noch in ihrem Beruf tätig, doch als sich die Buchhaltung für den Hof, die sie zusätzlich übernommen hatte, häufte und sie ihre vier Kinder Deike, Klaas, Nele und Gesa bekommen hatte, verlegte sie ihr Tätigkeitsfeld nach Hause. Sie machte eine Ausbildung zur Ländlichen Hauswirtschafterin, versorgte die Mitarbeiter und leitete Haushaltspraktikantinnen an, die das Anerkennungsjahr bei ihr ableisten.

Doch dann musste umstrukturiert werden, um die eigene Existenz zu sichern. Ulrike und ihr Mann zogen von dem Hof, den sie gemeinsam mit Christians Eltern bewirtschaftet hatten, kauften einen

anderen und spezialisierten sich auf Ackerbau. Ulrike übernahm wieder das Büro, dessen Management immer anspruchsvoller wurde. Heute ist es die Zentrale eines landwirtschaftlichen Unternehmens. Morgens, wenn sie in ihr Büro kommt, arbeitet sie erst einmal die E-Mails ab und sieht die Post durch. Über ihren Schreibtisch gehen alle Vorschriften, Bestellungen, Anträge, Abrechnungen und bewilligten Zuschüsse. Die sehr souverän wirkende Ulrike Röhr schrecken diese Anforderungen nicht, sie behält den Überblick. Zusätzlich informiert sie sich über die neuesten agrarpolitischen Verordnungen. Die Auflagen der Europäischen Union erfordern von den Landwirten bestimmte Düngepläne, Nährstoffbilanzen und Dokumentationen über die verschiedenen Arbeitsschritte auf den einzelnen Feldern. Sie müssen für die regelmäßigen Kontrollen nachprüfbar sein. Auch das Führen dieser Dokumentationen gehört zu Ulrikes Arbeit. Alle Gesetze und Vorschriften sind genauestens einzuhalten, denn die Zahlungen aus EU-Kassen sind an diese Auflagen gebunden – sonst drohen erhebliche Sanktionen. Die bürokratischen Anforderungen eines modernen landwirtschaftlichen Betriebs sind enorm hoch, durch die Kooperation haben sie sich noch gesteigert. Der Arbeitseinsatz, die Kosten und der Gewinn müssen eben genau berechnet werden, damit alles gerecht zugeht.

Ulrike hat sich inzwischen beim Landfrauenverband zur Büroagrarfachfrau ausbilden lassen sowie ein Unternehmensseminar für Bauern besucht. Sie war begeistert von diesen Fortbildungen, und es machte ihr Freude, sich in betriebswirtschaftliches Wissen einzuarbeiten. Vor allem aber fand sie den Erfahrungsaustausch mit ihren Teamkollegen bereichernd. »Als Bäuerin arbeitet ja jeder so für sich hin«, sagte sie. »Für uns gibt es eigentlich keine Fortbildungen.« Spannend fand sie auch, als die Seminarteilnehmer gegenseitig ihre Höfe besuchten. Dabei musste jeder ein Profil von seinem Betrieb erstellen und eine Zukunftsvision entwickeln. »Das war eine richtige Herausforderung«, erzählt sie weiter, »aber es hat viel Spaß gemacht.« Seitdem hält sie sich auf dem Laufenden über den aktuellen Stand in der Agrarpolitik, von der die Bauern so abhängig sind wie vom Wetter.

Sie weiß auch, dass die landwirtschaftlichen Betriebe heute global denken müssen. Das Klima in Asien, die Wirtschaftslage in den USA oder die politische Situation in Südamerika entscheiden darüber, für welchen Preis Ulrike und Christian Röhr ihr Getreide verkaufen können. Schon Monate vor der Ernte werden die Kontrakte auf der Getreidebörse ausgehandelt. Dabei müssen sie entscheiden, wann der beste Zeitpunkt für den Verkauf ihrer Erträge ist. »Wir beobachten die Getreidebörse genau«, erklärt Ulrike gelassen, »doch wenn der Preis nach unserem Verkauf noch ansteigt, darf man sich nicht darüber ärgern. Dann ist das eben so. Es ist ein Geschäft, bei dem Erfahrung, Gespür, aber auch Glück eine Rolle spielen.«

Bei diesen Kontrakten geht es auch darum, dass sie im Frühjahr schon abschätzen müssen, welche

Ertragsmenge sie im Sommer erwarten. Haben sie sich verschätzt und verkaufen sie mehr, als sie dann tatsächlich ernten, weil sie etwa Ausfälle durch Hagelschaden haben, muss das finanziell ausgeglichen werden. Von dem, was die Ernte einbringt, hängt viel ab, denn es ist ihr Jahreseinkommen. »Ein Landwirt muss heute das marktstrategische Wissen eines Börsenhändlers haben«, sagt Ulrike.

In den letzten Jahren hat sie ein neues Interessensgebiet entdeckt, für das sie sich mit großem Engagement einsetzt. Über ihre Ausbildung zur Büroagrarfachfrau kam sie zum Landfrauenverband, und nicht lange danach wurde sie in den örtlichen Vorstand berufen, schließlich in den Kreisverband und seit 2009 ist sie im Vorstand des Landfrauenverbands Schleswig-Holstein. Begeistert leitet sie den neu gegründeten Arbeitskreis »Junge Landfrauen«, der sich um den Nachwuchs kümmert. »Die Frauen sind hoch motiviert«, schwärmt sie. »Wir erarbeiten gerade einen Handlungsleitfaden für die Landfrauen. Dazu sammeln wir hilfreiche und kreative Lösungen für unseren Arbeitsalltag und nehmen die verschiedensten Vorschläge aus ganz Schleswig-Holstein auf.«

Der Landfrauenverband ist einer der größten und bestens vernetzten Verbände in Deutschland. Sein Ziel ist es, die Frauen auf dem Land zu stärken, besser zu qualifizieren und ihre Interessen zu vertreten. Damit sind nicht nur Bäuerinnen gemeint, sondern alle, die im ländlichen Raum leben. Mit verschiedenen Projekten machen sie auf sich aufmerksam. So wurde zum Beispiel die Aktion »Kochen mit Kids« ins Leben gerufen, bei der die Kinder für ihre Eltern kochen. Bevor das Essen serviert wird, bekommen die Erwachsenen Tipps für eine gesunde und vernünftige Ernährung. Die Schirmherrschaft übernahm die österreichische Fernsehköchin Sarah Wiener. Ein anderes Projekt ist der »Boys' Day«, bei dem Jungen die Gelegenheit haben, hauswirtschaftliche Tätigkeiten kennenzulernen. Die männliche Emanzipation geht offensichtlich vom Land aus.

Der Verband engagiert sich auch politisch. Ulrike erzählt, während sie ihren Blick über die weiten, aber noch leeren Felder schweifen lässt, die darauf warten, wieder bestellt zu werden: »Wir sind zwar parteipolitisch neutral, aber als bei den Landtagswahlen 2009 in Schleswig-Holstein im Vorfeld deutlich wurde, dass keine Frau im Kabinett sein würde, haben wir das in einem offenen Brief eingefordert.« Sie erklärt weiter, dass sie sich für Lohngerechtigkeit von Frauen und Männern und für die gesellschaftliche Anerkennung der Arbeit von Bäuerinnen einsetzen, denn da gäbe es noch einiges zu tun. Ihr Ziel: starke Frauen auf dem Land.

Wie es früher war: altes Bauernzimmer in einem Hof in Schleswig-Holstein und Webstuhl, auf dem ein Leinen in bäuerlichem Muster gewebt wurde.

Markttomaten, Kräutergarten und ganzheitliches Wirtschaften

Die Visionärin

Ich möchte, dass die Menschen wieder entdecken, wie wertvoll unsere Lebensmittel sind. Viele haben den Bezug zur Natur verloren und wissen gar nicht mehr, welchen Einsatz es braucht, gute Lebensmittel herzustellen. Der Konsument und die Landwirtschaft haben sich weit voneinander entfernt, und meine Vision ist es, dass sie wieder zusammenfinden.« Dieses Ziel setzte sich die 1971 geborene Margit Lamm aus Oberösterreich nach ihren einschneidenden Erfahrungen als Au-pair-Mädchen in Paris und London. Dort erhielt die hochgewachsene, schlanke Bauerntochter mit dem ansteckenden Lachen einen Einblick in das städtische Leben. In Paris stand sie vor den langen Regalen in riesigen Supermärkten und fragte sich: zwanzig Sorten Joghurt – wozu? Und wenn beim Wocheneinkauf die Lebensmittel in vielen Tüten nach Hause geschleppt wurden, entsetzte es sie, wie aufwendig sie auch noch verpackt waren. Diese Mengen an Müll waren ihr fremd. Sie kannte es von zu Hause, dass ihre Mutter in den Garten ging, um frischen Salat zu holen, dass die Kartoffeln direkt vom Acker kamen und auch das Fleisch vom eigenen Hof stammte. Besonders in London hatten die Nahrungsmittel kaum noch Ähnlichkeit mit dem, was sie unter diesem Begriff ver-

stand. Das Essen holte man aus der Mikrowelle und war in zehn Minuten verspeist.

Margit sah auch zum ersten Mal, wie viel übrig gebliebenes Gemüse, wie viele Fleischreste weggeworfen wurden. Unfassbar war das für sie. Sieht so unsere Zukunft aus?, fragte sie sich. Mit »Lebens-Mitteln« hatte das nichts mehr zu tun: »Dieser Gegensatz, einerseits die Metropolen und andererseits das Landleben, wie ich es gewohnt war, hat mich völlig inspiriert. Meine berufliche Vision stand dadurch auf einmal deutlich vor mir: Ich wollte mich nicht nur dafür einsetzen, dass die Menschen etwas Vernünftiges zu essen bekommen, sondern ich wollte durch meine Arbeit auch einen Beitrag dazu leisten, dass mehr Bauern im Vollerwerb gehalten werden konnten.«

Zurück in Österreich, begann Margit Agrarwissenschaft zu studieren. Doch mit dem Studium war sie nicht glücklich. »Ich habe im Grunde genommen

Margit Lamm aus Oberösterreich möchte, dass ihre Paradeiser (Tomaten) und anderes Gemüse wieder so schmecken wie früher. Mit viel Liebe und Kenntnis pflanzt sie Biogemüse an, das auf dem Markt viele Abnehmer findet, die diese Produkte zu schätzen wissen.

Agrarindustrie gelernt. Genau das, was die Bauern dazu bringt, zu sagen: ›Ich kann eigentlich nicht mehr auf meinem Hof überleben. Wir sind viel zu klein. Wir brauchen mehr Ställe und noch mehr Vieh, damit sich das rechnet.‹«

Da sie unmittelbar nach dem Studium keine Möglichkeit sah, ihre Vorstellung von einer ganzheitlichen Landwirtschaft zu verwirklichen, die sich nicht nur auf Schweine- oder Rindermast spezialisierte, arbeitete sie vorerst als Geschäftsführerin in einem Biorestaurant in Linz. Nach fünf Jahren kündigte sie, um – das war 2004 – ihre Idee von einem modernen Biosupermarkt zu verwirklichen, mit einem Ambiente, das eine städtische Zielgruppe ansprechen sollte. In Deutschland erlebte gerade die Biosupermarktkette »Basic« großen Zulauf. Als Margit das Geschäft in München besuchte und die vielen Kunden sah, fand sie ihr Vorhaben bestätigt – und suchte in Österreich nach geeigneten Räumlichkeiten. Trotz aller Bemühungen wurde sie jedoch nicht fündig. So arbeitete sie in der Geschäftsleitung einer Firma, die effektive Mikroorganismen herstellt, also Mikroorganismen, die Fäulnis hemmen und als Hilfsstoff in der Erde, als Futtermittel für Tiere oder als Reinigungsmittel im Haushalt eingesetzt werden.

Doch ihre Vision war damit nicht begraben. Ein Jahr später sitzt die energiegeladene Margit mit ihrem Mann Josef Mayr im Garten ihres kleinen Anwesens, der früheren Zweirädermühle in Allhaming,

nicht weit von Linz entfernt, und schmiedet wieder einmal Pläne. Auch Josef will sich beruflich verändern. Er hatte einige Jahre das Lebensmittelgeschäft seiner Eltern geführt und schließlich in das Qualitätsmanagement der Firma gewechselt, bei der auch Margit tätig war. Josef, der auch die landwirtschaftliche Arbeit liebt, und sie sehen sich um. Sie überlegen: Was haben wir, und was können wir daraus machen? Sie besitzen einen alten Kuhstall, der leer steht, und einen großen Garten. Und so entwickeln sie den Gedanken, in diesem Gemüse anzubauen und den Kuhstall für Veranstaltungen zu nutzen.

Als Margit hört, dass auf dem Bauernmarkt mehr Biogemüse nachgefragt als angeboten wird, bestärkt sie das in ihrem Vorhaben. Die lebhafte Unternehmerin mit dem wachen Blick erzählt: »Am Anfang habe ich fast alles angebaut. Ich habe den Saatgutkatalog angeschaut und einfach nach Gefühl bestellt. Schließlich gingen wir mit unseren fünf Kisten Biogemüse auf den Markt.« Die Verbraucher waren begeistert, und bald darauf hatte Margit eine kauffreudige Stammkundschaft. Der Kontakt zu ihren Abnehmern ist etwas, das sie an ihrer Arbeit besonders liebt. Und auch die Freiheit, die ihr diese bietet. Am Tag, bevor Markt ist, erntet sie das Gemüse frisch, und am Markttag selbst verkauft sie ihre Ware in nur wenigen Stunden. Den Rest der Woche kann sie sich frei einteilen.

Margit ist inzwischen Bäuerin mit Leib und Seele. Sie baut Frühlings- und Sommergemüse an und sagt: »Meine Spezialität sind Paradeiser.« Lachend fügt sie hinzu: »Also das, was andere als Tomaten bezeichnen, was aber eigentlich nur rot und rund ist, keinen Geschmack hat und aus Holland oder Spanien kommt.« Sie pflanzt stattdessen alte, geschmackvolle Sorten an, Paradeiser eben. Auch bei anderen Gemüsearten sucht sie nach ungewöhnli-

chen, oft vergessenen Sorten. Die bunte Vielfalt von gestreiften Rüben oder pinkfarbenen Asia-Salaten ist auf dem Marktstand in Steyr eine wahre Augenweide. Er sieht wie ein reich gedecktes Büfett aus, das durch Gemüse von zwei anderen Biobauern ergänzt wird.

Immer wieder probiert sie etwas Neues aus. So zum Beispiel den Anbau von Erdmandeln, kleinen, knollenartigen Verdickungen von Zyperngräsern, die unter der Erde wachsen und nach Kokos schmecken. Die verkauft sie allerdings nicht auf dem Markt, weil die Ernte sehr mühsam ist, sondern verwendet sie nur für besondere Kochevents. Inzwischen hat sie auch gelernt, Samen selbst zu züchten. Das Wissen darüber liegt bei einigen wenigen Saatgutkonzernen, erklärt Margit Lamm. Die Bauern sind von ihnen abhängig. Jedes Jahr müssen sie ihr Saatgut neu von ihnen kaufen, dabei können sie nur aus dem angebotenen Sortiment auswählen, wobei alte Sorten dort nicht mehr zu finden sind. Früher hätten die Bauern und Bäuerinnen selbst noch über ein großes Wissen verfügt, was die Zucht von Samen anbelangt. Dadurch hätten sie diese den regionalen Boden- und Klimaverhältnissen anpassen können. »Aber nicht nur die Bauern, sondern wir alle sind von den Saatgutkonzernen abhängig«, sagt Margit. »Wenn die aus irgendeinem Grund überhaupt keinen Samen mehr haben, können wir auch nichts mehr anbauen und die Menschen haben nichts mehr zu essen.« Deshalb verkauft sie nur samenfeste Gemüsesorten, die ihre Kunden weitervermehren können. So bleibt die Ernährung gesichert.

Viele Landwirte hätten heutzutage eine negative Einstellung zu ihrem Beruf, erzählt sie weiter. Sie bedauert das, denn durch ihre jahrelange Tätigkeit in der Gastronomie und der Industrie weiß sie ihre Arbeit zu schätzen, weiß, wie kreativ sie ist. Natürlich gäbe es viel zu tun, doch das sei in anderen Betrieben kaum anders. Aber als Bäuerin hätte sie viel mehr Möglichkeiten, sich zu organisieren, Kooperationen zu bilden und Synergien zu nutzen. Deshalb sei Netzwerkdenken die Grundlage ihres Unternehmens, aus diesem Grund hätte sie es auch »fairleben« genannt.

»Fairleben« ist ein ganzheitliches Lebenskonzept, das sie während ihrer Reisen nach Südamerika entwickelt hat. In Bolivien und Brasilien hat sie gesehen, wie Kleinbauern ausgebeutet werden. Für sie bedeutet diese Erfahrung: »Die Konsumenten müssen wissen, welche Arbeit sich hinter den landwirtschaftlichen Erzeugnissen verbirgt und was die Lebensmittel wert sind. Es hilft nicht weiter, wenn die Bauern sich gegenseitig unterbieten und dann jammern, wie schlecht es ihnen geht. Man muss so kalkulieren, dass man von den Produkten leben kann. Und ich kann von meinen leben. Ich bin dankbar, dass ich Kunden habe, die diesen Wert erkennen und den Preis dafür zahlen.« Sie wünscht sich, dass die Landwirtschaft wieder einen anderen Stellenwert in unserer Gesellschaft erhält. Meistens, so sagt sie, ist den Bauern und Bäuerinnen selbst nicht bewusst, wie wichtig ihre Arbeit ist.

Margits Konzept bezieht auch das soziale Miteinander ein, es ist gefordert, dass man sich gegenseitig unterstützt. Bauern, so weiß sie, würden oft für sich alleine arbeiten und so ein großes Potenzial, das in der Zusammenarbeit liegt, ungenutzt lassen. Gemeinsam könnte man bessere Vermarktungswege finden und bessere Preise erzielen. Die einzelnen Bauern würden dadurch mehr entlastet, Kleinbauern könnten wieder überlebensfähig werden. Doch um neue Wege einzuschlagen, braucht es wie immer Mut.

Sie möchte bei den Menschen nicht missionieren, sondern zusammen mit ihrem Mann ihre Ansichten leben. Zu diesen gehört nicht nur das bewusste Einkaufen von Lebensmitteln. Wichtig ist etwa auch, genau zu wissen, woher die Kleidung kommt, die man anzieht. Sie selbst trägt ein hübsches grünes Oberteil aus fairem Handel. Ihr Interesse ist zudem, das kreative Kochen mit den Zutaten zu fördern, die gerade im Garten wachsen. Die Bäuerinnen von früher hätten es doch auch nicht anders gemacht, sagt sie. Für Margit sollte die Landwirtschaft Vorbild für unsere Gesellschaft sein, um wieder ein natürliches Maß zu finden. Sie lehnt sich vor und erklärt leidenschaftlich: »Mir geht es darum, die Leute wieder näher an die Natur heranzuführen.« Und zwar nicht durch Vorträge, sondern durch ein persönliches Erleben.

»Erlebniskochen« – so heißt dann auch ihr nächstes Projekt, das sie mit ihrem Mann plant. Dabei arbeiten sie mit Georg Friedel zusammen, einem Raritätenkoch, der mit seltenen Zutaten und alten Gemüsesorten Speisen zubereitet und sich im Mühlviertel bereits mit originellen Kochveranstaltungen und einer »Geschmacksschule« einen Namen gemacht hat.

Für dieses Unternehmen ist der Kuhstall der alten Zweirädermühle zu einer Wohnküche umgebaut worden. Es ist ein offener Raum, in dem Kochen im buchstäblichen Sinne transparent wird. Eine Terrasse führt hinaus zum Gemüsegarten und zum Kräuterbeet, vor einer zweiten wird ein Naturteich angelegt. In dieser naturnahen Umgebung sollen die Menschen Gerichte zubereiten, ausprobieren und sich mit ihren Ideen gegenseitig inspirieren. Sie will auch ältere Bäuerinnen in diese Küche holen, um hier ihr Wissen über verschiedene und nahezu vergessene Zubereitungsmöglichkeiten zu vermitteln. Dadurch würde es wieder aufgewertet werden. Außerdem möchte Margit zusammen mit Kursteilnehmern Beeren und Gemüse ernten und sie anschließend verarbeiten. Die Produkte dürfen dann nach Hause mitgenommen werden. »Gemeinsam einkochen macht sowieso viel mehr Spaß, als allein in der eigenen Küche seine Marmelade zu rühren.«

Margit Lamm hat zu ihren Wurzeln zurückgefunden. Sie ist Bäuerin geworden und ihrer Vision von einer engeren Verbundenheit zwischen Konsument und Landwirtschaft ein gutes Stück nähergekommen. Wer sie kennenlernt, zweifelt nicht daran, dass sie noch viel bewegen wird.

Die Tradition erhalten

Die Künstlerin

Anna Brenninger sitzt in ihrer gemütlichen Bauernküche inmitten von antiken Möbeln, kupfernen Töpfen und geschnitzten Figuren. Über ihr hängt ein Kruzifix, daneben sind Hinterglasmalereien angebracht. In ihren Händen hält sie einen edlen Stoff, aus dem sie gerade eine Tracht anfertigt. Konzentriert beugt sie sich über ihre Handarbeit und näht mit flinken Stichen. Die letzten Feinheiten sind noch zu tun. Nebenbei hört sie Radio, wissenschaftliche Vorträge und politische Beiträge, überhaupt alles, was sie interessiert. Sie weiß, was in der Welt vor sich geht. Einen Fernseher braucht sie nicht.

Neben der Küche befindet sich ihr Nähzimmer. Oder sollte man lieber sagen, ihre Schatzkammer? Darin sind schöne Stoffe zu entdecken, Trachtenteile, Dirndlschürzen, Fäden, farbige Bänder, Musterbücher und ihre Nähmaschine.

Geboren wurde Anna in dem Jahr, in dem der Zweite Weltkrieg ausbrach, heute ist sie eine Bäuerin im Austrag. Eine Frau, die so viel Temperament und Elan besitzt wie sie, kann sich aber ein geruhsames Dasein als Rentnerin nicht vorstellen. Deshalb hat sie sich im Alter mit großem Eifer und noch größerer Begeisterung wieder ihrem früheren Beruf zugewen-

det – einst hatte sie Schneiderin gelernt. »Was soll ich denn in der Ecke sitzen? Strümpf stricken und auf den Tod warten?«, sagt sie mit ihrer energischen Stimme. Sie redet schnell, so schnell, wie sie auch arbeitet. Weiter erzählt sie: »Ich mach jetzt das, was i scho immer gern gmacht hab. Trachten und Dirndl nähen. Des ist meine neue Freizeitbeschäftigung.« Dabei lacht sie verschmitzt. Sie weiß selbst, dass ihre Tätigkeiten mit Schere und Nadel eine andere Bedeutung haben. Was sie entwirft und näht, sind wahre Kunstwerke. Anna liebt Herausforderungen: »Je ausgefallener, desto besser.«

Immer wieder probiert sie neue Schnitte und Muster aus. Sie schneidert gern die Miesbacher Tracht mit dem aufwendig gearbeiteten Mieder, der Schürze und dem dazugehörigen Silbergeschnür. Aber sie hat auch schon eine Siebenbürger Tracht

angefertigt, die etwas schlichter ist. Für eine Braut nähte sie vor einigen Monaten ein sehr kostbares Gewand und verzierte es mit filigranen Blumen. Warum ältere Menschen aus der Arbeitswelt aussortiert werden, kann sie nicht verstehen. Sie ist davon überzeugt, dass mit den Jahren das Wissen umfangreicher wird. Was sie als Zwanzigjährige hergestellt habe, sei nicht mit dem zu vergleichen, was sie heute anfertigte.

Anna Brenninger wurde als uneheliches Kind in Warngau geboren, in der Nähe vom Tegernsee. Sie wuchs bei ihrer Mutter und ihren Großeltern auf einem kleinen Hof auf, einem »Sacherl«. Fünf Kühe besaßen sie. Da der landwirtschaftliche Betrieb aber nicht viel einbrachte, lernte Anna nach ihrer Schulzeit Schneiderin, da war sie vierzehn. »Mei, mit Nähn vedienst ned viel Geld, aber ein paar Markl warens auch. Das erste Jahr hab i gar nix kriegt, im zweiten Jahr drei Mark in der Woch, und im dritten Jahr zehn Mark.« Ihren Beruf übte sie zu Hause aus, manchmal ging sie auf Stör. Dann wohnte sie einige Tage bei Bauern aus der ferneren Umgebung, um dort Hemden für die Männer und Dirndl für die Frauen zu schneidern, alte Kleidung auszubessern und zu flicken. Zwischendurch half sie ihren Großeltern und ihrer Mutter immer wieder auf dem Hof.

Als sie genügend Geld zusammengespart hatte, kaufte sie einen Traktor mit 15 PS. Das war Anfang der Sechzigerjahre. Damit wurde die Arbeit auf dem Feld einfacher, außerdem machte sie mehr Spaß, denn Anna war eine begeisterte Schlepperfahrerin. Für die Großeltern war die Anschaffung ihrer Enkeltochter jedoch nicht so einfach nachzuvollziehen. Sie erinnert sich jedoch gern an früher. Für sie waren die Dörfer einst lebendiger als heute, weil vielfach Krämerläden und Wirtshäuser fehlen. Vor allem bedauert sie, dass die kleinen Höfe kaum noch überlebensfähig sind.

Mit dreiunddreißig Jahren, das war 1972, heiratete sie den Bauernsohn Balthasar Brenninger. Er wohnte im gleichen Ort, aber auf einem größeren Hof. Sechzehn Kühe hatte er im Stall stehen, dazu noch ein Pferd. Anna und Balthasar waren damals schon einige Jahre ein Paar, aber eine Verbindung vor Gott und der Welt hätte bedeutet, zusammen auf seinem Anwesen zu leben. Das aber war nicht möglich, weil Anna ihre Mutter und vor allem ihre Großeltern, die sehr an ihr hingen, nicht alleine lassen wollte. Also blieb sie bei ihnen. Andreas, der gemeinsame Sohn, wuchs bei ihr auf, aber sein Vater wohnte nur einige Hundert Meter weiter. »Das war fast wie ein normales Familienleben«, erzählt Anna.

Die schönsten Dirndl näht Anna Brenninger mit viel Liebe zum Detail und einer großen Wertschätzung der Tradition. In ihrer Stube finden sich die herrlichsten Stoffe und seltensten bäuerlichen Raritäten; viele von ihnen hat ihr Mann gesammelt und vor dem Sperrmüll gerettet.

Nach dem Tod der Großeltern und dem von Balthasars Vater – die Mutter war schon im Kindbett gestorben – zog Anna zu ihrem Mann, doch sie unterstützte weiterhin ihre Mutter auf dem kleinen Hof. Einige Jahre später nahm sie sie zu sich und versorgte sie, bis sie starb.

Balthasar hatte neben der Bauernarbeit eine künstlerische Leidenschaft. Er fertigte Holzschnitzereien an, am liebsten Figuren, so auch den heiligen Leonhard unter dem Kruzifix in der Küche. Und er hatte einen Blick für schöne, gebrauchte Dinge. In einer Zeit, als man sich in den Bauernhäusern von dem »alten Krempel« befreite und die Räumlichkeiten modernisierte, sammelte er alles, was man wegwarf, vom Rosenkranz über Gegenstände aus Kupfer und Glas bis hin zu Schmuck, Schränken, Lampen oder Silberknöpfen. Einmal beobachtete er einen Bauern aus der Umgebung, von dem er wusste, dass er gerade seinen Speicher ausgeräumt hatte, wie er mit einem vollen Anhänger wegfuhr. Er folgte ihm, um zu sehen, in welcher Grube er alles ablud. Später holte er sich die Sachen, die für den anderen Landwirt keinen Wert mehr besaßen, für Balthasar aber Zeugnisse einer bäuerlichen Kultur waren, oft von Generation zu Generation weitervererbt. Anna schätzte es, dass ihr Mann diesen Blick für Traditionen hatte – und fing ebenfalls an, alte Dinge zu sammeln.

Mit zweiundvierzig Jahren wurde sie Witwe, Balthasar starb völlig unerwartet an einem Schlaganfall. Nun stand sie mit ihren vier Kindern – nach Andreas kamen noch Gertraud, Bernhard und Barbara – plötzlich alleine da. Anderl, der Älteste, war achtzehn Jahre alt, Barbara gerade mal eineinhalb. Anna wusste: »Entweder gehe ich pleite oder ich schaff das!« Die zweite Möglichkeit war ihr lieber. Frühmorgens führte sie ihr erster Weg in den Stall. Sie fütterte die Kühe und molk sie, danach machte sie ihren Kindern das Frühstück, sorgte dafür, dass die Jüngsten zur Schule kamen, ging anschließend aufs Feld oder in den Garten, kochte Mittagessen, schaute nach den Hausaufgaben. Zwischendurch schob sie einen Kuchen in den Ofen, »weil an Kuchn und an Kaffee, des mog i gern«. Abends erledigte sie die restlichen Stallarbeiten, und bis tief in die Nacht nähte sie, um noch etwas Geld dazuzuverdienen. Nur so konnte sie den Hof zusammenhalten. Sie verkaufte nicht ihre Wiesen als Baugrundstücke, wie es viele andere taten. Wenn man sie heute fragt, wie sie das alles bewältigte, dann antwortet sie, dass sie das selbst nicht mehr wisse. Hart sei es gewesen, aber jedes Jahr seien die Kinder größer und damit vieles leichter geworden.

Dass sie ihre Töchter und Söhne hatte, dafür war sie sehr dankbar. Besonders Barbara mit ihrem sonnigen Wesen hätte ihr sehr über den Verlust ihres Mannes und die Anstrengungen hinweggeholfen. Barbara wiederum bewundert die Lebensenergie ihrer Mutter: »Sie ist einfach eine starke Frau.«

Die schweren Arbeitsjahre hinterließen ihre Spuren. Anna hat eine verschobene Wirbelsäule und geht deshalb etwas gekrümmt. Die Schmerzen ignoriert sie. Man könne mit ihnen gut leben, sagt sie. Wenn man sieht, mit welcher Wendigkeit sie sich bewegt und wie sie herzlich lacht, kann man ihr nur glauben.

Vor einigen Jahren hat sie ihrem Sohn Bernhard den Hof übergeben. Ihr Elternhaus hätte sie gern erhalten, für die Enkelkinder und weil es einfach zum Dorfbild gehörte, aber die Gemeinde bestimmte, dass es abgerissen werden musste. Warum, das versteht sie bis heute nicht. Der Verlust schmerzte sie sehr, es war der Verlust der eigenen Wurzeln. Dabei findet sie, dass das Wissen über die Herkunft wichtig für ein stabiles Leben in der Gegenwart ist.

Dass Bernhard die Landwirtschaft weiterführt, bedeutet ihr viel. Er hat einen Milchviehbetrieb auf biologischer Basis, von der Milch allein könnte er aber nicht leben. Der Verkauf von Holz aus ihrem Waldbesitz dient als zweites Standbein. Es ist ein Hof, wie er Anna rundum gefällt: »Mir ham außer den Kühen und Rindern noch Enten, Gänse, Hühner, Hasen, Katzen, Hunde und sogar Goaßn (Ziegen). Mir ham an richtig gesunden Bauernhof. Von allem etwas.« Eine Zeit lang hatte sie noch mitgeholfen, aber dann ging es gesundheitlich nicht mehr. Deshalb fing sie wieder mit dem Schneidern und Nähen an.

Anna lebt weiterhin auf dem Hof, in den sie eingeheiratet hat. Ebenfalls im Haus wohnt Barbara mit ihrem Mann und ihrer Tochter, sie bauen gerade das obere Stockwerk um. Gertraud und Andreas haben mit ihren Familien in unmittelbarer Nähe ein Zuhause gefunden. Zehn Enkelkinder hat Anna, darauf ist sie sehr stolz. Sie mag es, wenn die ganze Familie zusammen ist.

Fast alles, was sie braucht, pflanzt sie in ihrem großen Gemüsegarten an. Auch der Apfelsaft stammt von ihren eigenen Früchten. Wegfahren und Urlaub machen, das will sie nicht. Aber viel freie Zeit hat sie sowieso nicht. Sie ist immer sehr beschäftigt. Vor allem mit Schneidern. Ihre Begabung für das Entwerfen und Nähen außergewöhnlicher Dirndlkleider und Trachten hat sich inzwischen herumgesprochen. Ihre Auftraggeber reisen sogar aus München an, um sich ein besonderes Gewand oder ein Hochzeitskleid anfertigen zu lassen. Nur wenn ihre Enkelkinder kommen, legt sie ihre Handarbeit zur Seite. Für sie hat Anna immer Zeit. Und inmitten der gesammelten Schätze in der gemütlichen Küche isst sie mit ihnen selbst gebackenen Kuchen. Den mag sie immer noch gern.

Danksagung

Zum Gelingen dieses Buches haben viele Menschen beigetragen, denen ich herzlich danken möchte. Zu ihnen zählen Walburga Loock, Margit Lamm, Rosa Widmer-Spichiger, Ulrike Röhr und Anna Brenninger, die mir über ihr Leben als Bäuerin erzählt und mich so gastfreundlich empfangen haben. Katharina Nagler hat mir einen sehr lebendigen Einblick in ihr früheres Leben als Hirtenmädchen gegeben.

Herzlich danke ich auch allen Freundinnen und Freunden, Kolleginnen und Kollegen, die mir mit Hinweisen, Informationen und Literaturempfehlungen behilflich waren, vor allem Marianne Willer-Gabriel, Dr. Daniella Seidl, Dr. Gabriele Wolf, Dr. Stefan Breit und Prof. Dr. Burkhart Lauterbach, ebenso Sabine Rittner und Bettina Hasselbring, Florian Westermayr (Historisches Archiv des Bayerischen Rundfunks). Wertvolle Informationen erhielt ich von Ing. Helga Wagner (Förderungsgemeinschaft für gesundes Bauerntum, Österreich) sowie von den Mitarbeiterinnen des Schweizerischen Bäuerinnen- und Landfrauenverbands, insbesondere Regula Siegrist.

Der anregende Austausch mit meinen Eltern Marta und Martin Weiß, die selbst einen Bauernhof bewirtschafteten, und mit meinen Schwestern Barbara Nist, Dr. Hanna Göser und Heiderose Schiller zeigte mir oft eine neue Perspektive.

Ganz besonders danke ich meinem Mann Martin Braun und meinen Töchtern Lea und Naomi für ihre Unterstützung, ihr Verständnis und ihr Interesse am Entstehen des Manuskripts.

Dr. Elisabeth Sandmann danke ich für die Initiative zu diesem Buch, Kuni Taguchi für die Gestaltung, Regina Carstensen für ihr engagiertes Lektorat sowie Birgit Neiser, die Anna Brenninger fotografisch ins Bild gesetzt hat.

Literatur

Albers, Helene: *Zwischen Hof, Haushalt und Familie. Bäuerinnen in Westfalen-Lippe 1920–1960.* (Forschungen zur Regionalgeschichte; 39). Paderborn/München/Wien/Zürich 2001

Andronikow, Wladimir: *Margarete von Wrangell. Das Leben einer Frau 1876–1932.* München 1935

Boehm, Elisabet: *Wie ich dazu kam.* Berlin 1941

Brockpähler, Renate (Hg.): *Aus dem Leben einer Bäuerin im Münsterland. Gertrud Rolfes berichtet.* (Beiträge zur Volkskultur in Nordwestdeutschland; 25). Münster 1981

Braun, Annegret: *Frauenalltag und Emanzipation. Der Frauenfunk des Bayerischen Rundfunks in kulturwissenschaftlicher Perspektive 1945–1968.* (Münchner Beiträge zur Volkskunde; 34). Münster u. a. 2005

Budde, Gunilla-Friederike (Hg.): *Frauen arbeiten. Weibliche Erwerbstätigkeit in Ost- und Westdeutschland nach 1945.* Göttingen 1997

Christ, Lena: *Madam Bäuerin.* Leipzig 1920

Christ, Lena: *Erinnerungen einer Überflüssigen.* München 1912

Chvojka, Erhard (Hg.): *Großmütter. Enkelkinder erinnern sich.* (Damit es nicht verloren geht …; 21). Wien/Köln/Weimar 1992

Dönhoff, Marion Gräfin: *Namen die keiner mehr nennt. Ostpreußen – Menschen und Geschichte.* München 2002

Fellmeth, Ulrich: *Margarete von Wrangell – die erste Ordinaria in Deutschland.* In: Ulrich Fellmeth, unter Mitarbeit von Sonja Hosseinzadeh (Hg.): *Margarete von Wrangell und andere Pionierinnen.* *Die ersten Frauen an den Hochschulen in Baden und Württemberg. Begleitbuch zur Ausstellung.* St. Katharinen 1998, S. 3–26

Fink, Ursula Remund: *Die Aktivitäten der Maria Müller, Frau von Nationalrat Hans Müller.* Unveröffentlichte Lizenziatsarbeit am Historischen Seminar der Universität Zürich 1977

Fontane, Theodor: *Wanderungen durch die Mark Brandenburg.* Bd. 2. Leipzig u. a. 1940

Gabriel, Christina: *Meine Lebensgeschichte. Die autobiographische Lebensbeschreibung einer Dienstmagd, Näherin und Hebamme im Herzogtum Westfalen um das Jahr 1800. Dokumentation eines bewegten Frauenlebens mit zeitgeschichtlichen Hintergründen.* Arnsberg 1999

Gleich, Lorenz: *Die Doktorbäuerin in Deisenhofen Amalie Hohenester und das Naturheilverfahren ohne Arznei.* München 1862

Göttler, Hans: *»… des freien Waldes freies Kind«. Ein Emerenz-Meier-Lesebuch.* Grafenau 2008

Göttler, Norbert: *Die Pfuscherin. Amalie Hohenester, Wunderheilerin und Doktorbäuerin.* Dachau 2000

Göttsch, Silke: *Sommerfrische. Zur Etablierung einer Gegenwelt am Ende des 19. Jahrhunderts.* In: Schweizerisches Archiv für Volkskunde 98 (2002), S. 9–15

Göttsch, Silke: *»… sie trügen ihre Kleider mit Ehren«. Frauen und traditionelle Ordnung im 17. und 18. Jahrhundert.* In: Heide Wunder und Christina Vanja (Hg.): *Weiber, Menscher, Frauenzimmer. Frauen in der ländlichen Gesellschaft 1500–1800.* Göttingen 1996, S. 199–213

Grabrucker, Marianne: *Vom Abenteuer der Geburt. Die letzten Landhebammen erzählen.* Frankfurt am Main 1989

Graf, Oskar Maria: *Das Leben meiner Mutter.* München 1993

Hachtmann, Rüdiger: *Tourismus-Geschichte.* Göttingen 2007

Haigis, Peter: *Sie halfen Juden. Schwäbische Pfarrhäuser im Widerstand.* Stuttgart 2007

Heidrich, Hermann (Hg.): *Frauenwelten. Arbeit, Leben, Politik und Perspektiven auf dem Land.* (Arbeit und Leben auf dem Lande; 7). Fränkisches Freilandmuseum Bad Windsheim 1999

Hopf-Droste, Marie-Luise: *Das bäuerliche Tagebuch. Fest und Alltag auf einem Artländer Bauernhof 1873–1919.* (Materialien zur Volkskultur nordwestliches Niedersachsen; 3). Cloppenburg 1982

Humm, Antonia Maria: *Auf dem Weg zum sozialistischen Dorf? Zum Wandel der dörflichen Lebenswelt in der DDR von 1952 bis 1969 mit vergleichenden Aspekten zur Bundesrepublik Deutschland.* (Kritische Studien zur Geschichtswissenschaft; 131). Göttingen 1999

Husemann, Gisbert: *Lili Kolisko – Werk und Wesen. In: Lili Kolisko. Physiologischer und physikalischer Nachweis der Wirksamkeit kleinster Entitäten.* Dornach 1997, S. 83–112

Inhetveen, Heide: »Fast immer wie in einem Zwiespalt« – *Bäuerinnen und Nationalsozialismus.* In: Sabine Hebenstreit-Müller und Ingrid Helbrecht Jordan (Hg.): *Frauenleben in ländlichen Regionen. Individuelle und strukturelle Wandlungsprozesse in der weiblichen Lebenswelt.* Theorie und Praxis der Frauenforschung; 12). Bielefeld 1990, S. 233–258

Inhetveen, Heide: *Pionierinnen des Landbaus.* In: Dorothea Mey (Hg.): *Frauenforschung als Herausforderung der traditionellen Wissenschaften.* Göttingen 1997, S. 17–37

Jäger, Georg: *Fernerluft und Kaaswasser. Hartes Leben auf den Tiroler Almen.* Innsbruck 2008

Jakob, Reinhard (Hg.): *Frauen schreiben: G'schichten vom Land. Schriftstellerinnen und das ländliche Milieu.* Ausstellung im Bauernhofmuseum Jexhof, 12. Juni bis 31. Oktober 2008. (Jexhof-Heft 24). Fürstenfeldbruck 2008

Kleine, Reinhild: *Ohne Idealismus geht es nicht. Frauen in der Landwirtschaft zwischen Tradition und Moderne.* (Internationale Hochschulschriften; 306). Münster u. a. 1999

Krakauer, Max: *Lichter im Dunkel.* Stuttgart 1947

Lampert, Regina: *Die Schwabengängerin. Erinnerungen einer jungen Magd aus dem Vorarlberg 1864–1874.* Hrsg. von Bernhard Tschofen. Zürich 1996

Linner, Rosalie: *Tagebuch einer Landhebamme 1943–1980.* Rosenheim 1997

Majewski, Rut; Walter, Dorothea: *Landfrauenalltag in Schleswig-Holstein im 20. Jahrhundert.* (Studien zur Volkskunde und Kulturgeschichte Schleswig-Holsteins; 32). Neumünster 1996

Meier, Emerenz: *Aus dem Bayerischen Wald. Erzählungen – Gedichte. Mit einem Lebensbild der Dichterin von Max Peinkofer und einer Erinnerung Hans Carossas an seine Begegnung mit der Schriftstellerin.* Hrsg. von Hans Bleibrunner und Alfred Fuchs. Grafenau 1974

Mitterauer, Michael (Hg.): *Maria Dorfmann.*
In: *Kreuztragen – Drei Frauenleben. (Damit es
nicht verloren geht ...; 2).* Wien / Köln / Weimar
1984, S. 15 – 62

Müller, Amei-Angelika: *Pfarrers Kinder, Müllers
Vieh.* München 2010

Passrugger, Barbara: *Hartes Brot. Aus dem Leben
einer Bergbäuerin. Bearbeitet und mit einem Nach-
wort versehen von Ilse Maderbacher. (Damit es
nicht verloren geht ...; 18).* Wien / Köln / Weimar
1989

Passrugger, Barbara: *Steiler Hang. (Damit es nicht
verloren geht ...; 27).* Wien / Köln / Weimar 1993

Pichler, Adolf: *Aus den Tiroler Bergen. Ein Wanderbuch (Gesammelte Werke; 8).* München / Leipzig 1907

Prein, Philipp: *Bürgerliches Reisen im 19. Jahrhundert. Freizeit, Kommunikation und soziale Grenzen.*
Münster 2005

Prinz, Dora mit Sabine Eichhorst: *Ein Tagwerk
Leben. Erinnerungen einer Magd.* München 2009

Pulz, Waltraud: *Hebamme: »Nicht alles nach der
Gelahrten Sinn geschrieben«. Das Hebammenan-
leitungsbuch von Justina Siegemund. Zur Rekon-
struktion geburtshilflichen Überlieferungswissens
frühneuzeitlicher Hebammen und seiner Bedeutung
bei der Herausbildung der modernen Geburtshilfe.*
München 1994

Salvisberg, Hanni: *Bach- u Wöschtag. Gschichte vo
früecher.* Muri bei Bern 1998

Salvisberg, Hanni: *Züpfe u Suppe. Gschichte.* Muri
bei Bern 2003

Sauermann, Dietmar (Hg.): *Knechte und Mägde in
Westfalen um 1900. Berichte aus dem Archiv für
westfälische Volkskunde. (Beiträge zur Volkskultur in Nordwestdeutschland; 1).* Münster 1979

Sawahn, Anke: *Die Frauenlobby vom Land. Die Landfrauenbewegung in Deutschland und ihre Funktio-
närinnen 1898 bis 1948.* Frankfurt am Main 2009

Schaehle, Franz: *Die Doktorbäuerin von Mariabrunn.
Ein Beitrag zur Geschichte der Kurpfuscherei in
Altbayern.* Sonderdruck aus der Münchener
Medizinischen Wochenschrift 1935, Nr. 23,
S. 1 – 10

Scheuringer, Rosa (Hg.): *Bäuerinnen erzählen. Vom
Leben, Arbeiten, Kinderkriegen, Älterwerden.
(Damit es nicht verloren geht ...; Bd. 60).*
Wien / Köln / Weimar 2007

Schier, Barbara: *Alltagsleben im »sozialistischen Dorf«.
Merxleben und seine LPG im Spannungsfeld der
SED-Agrarpolitik 1945 – 1990.* Münster 2001

Schöne, Jens: *Die Landwirtschaft der DDR
1945 – 1990.* Erfurt 2005

Schwarz, Christina: *Die Landfrauenbewegung in
Deutschland. Zur Geschichte einer Frauenorganisa-
tion unter besonderer Berücksichtigung der Jahre
1898 bis 1933. (Studien zur Volkskultur in
Rheinland-Pfalz; Bd. 9).* Mainz 1990

Siegel, Ulrike (Hg.): *Gespielt wurde nach Feierabend.
Bauerntöchter erzählen ihre Geschichte.* Münster-
Hiltrup 2006

Siegel, Ulrike (Hg.): *Wie leicht hätte es anders
kommen können. Bauerntöchter erzählen ihre Geschichte.* Münster-Hiltrup 2006

Spamer, Adolf: *Hessische Volkskunst.* Jena 1939

Steinkirchner, F.: *Amalie Hohenester, die Wunderdoktorin von Mariabrunn und ihre Lebensgeheimnisse.*
München 1878

St. Galler Bauernverband (Hg.): *Alpen im Sargan-serland.* Mels 2008

Tillmann, Doris: *Landfrauen in Schleswig-Holstein 1930–1950. Zeitgeschichte und Alltagsleben.* Heide 2006

Trettenbacher, Matthias: *Die Doktorbäuerin Amalie Hohenester mit einer Klage wegen erlittener Ehren-kränkung vor den Schranken des Gerichtes; nebst einer Beleuchtung ihrer Erkenntnis der Krank-heiten, wie ihrer Heilerfolge, mit Bekanntgabe des Geheimnisses ihres Hausmittels. Ein Beitrag zur Kulturgeschichte unserer Zeit.* München 1863

Wagner, Helga: *Die Begründer des organisch-biologi-schen Landbaus.* In: Netzwerk Biologische Land-wirtschaft 7 (2008), S. 5–8

Weber, Beda: *Das Land Tirol. Ein Handbuch für Rei-sende.* Bd. 2. Innsbruck 1938

Weber, Therese (Hg.): *Mägde. Lebenserinnerungen an die Dienstbotenzeit bei Bauern. (Damit es nicht verloren geht …; 5).* Wien / Köln / Weimar 1985

Weber-Kellermann, Ingeborg: *Frauenleben im 19. Jahrhundert. Empire und Romantik, Bieder-meier, Gründerzeit.* München 1983

Weber-Kellermann, Ingeborg: *Die Familie. Geschich-te, Geschichten und Bilder.* Frankfurt am Main 1990

Weber-Kellermann, Ingeborg: *Landleben im 19. Jahrhundert.* München 1987

Werckmeister, Johanna (Hg.): *Land – Frauen – All-tag. Hundert Jahre Lebens- und Arbeitsbedingungen der Frauen im ländlichen Raum.* Marburg 1989

Willer-Gabriel, Marianne: *Landwirtschaft im Prien-tal seit 1850.* In: Stefan Breit (Hg.): *Landwirt-schaft im Priental.* Aschau im Chiemgau 2001, S. 272–550

Wimschneider, Anna: *Herbstmilch. Lebenserinnerun-gen einer Bäuerin.* München 2003

Zuppinger, Christine: *Schwalbennester. Zwei ledige Bäuerinnen erzählen.* Göttingen 2008

Bildnachweis

Umschlaggestaltung:
Kuni Taguchi unter Verwendung eines historischen Fotos aus dem Freilichtmuseum Glentleiten (Sennerin, um 1938) sowie weiterer Fotos von ullstein bild (Beeren und Lavendel)

Umschlag hinten (gegen den Uhrzeigersinn):
ullstein bild (Blumen), Bridgeman Berlin, Bundesarchiv, Sammlung Dr. Manfred Felle, Kempten, Freilichtmuseum Glentleiten, Bridgeman Berlin, Archiv Elisabeth Sandmann Verlag

akg-images
26 M. und u., 27 o., 53 M. o., 76, 92, 125

Archiv Bauernhausmuseum Amerang/Arbeitskreis Geschichte Weyarn
20 u.

Archiv Elisabeth Sandmann Verlag
10 l., 29, 55, 59, 77, 88, 103 u., 107, 113 beide, 140/141

artothek
42, 78, 91, 114, 142

bpk Stiftung Preußischer Kulturbesitz
49, 63

BR, Historisches Archiv
110 (Signatur F21.8)
Bridgeman Berlin
6/7, 19, 23, 31, 34, 39, 44, 46, 60, 73, 84, 87, 108

Bundesarchiv
80, 93, 97, 98

Archiv FLM Glentleiten
1, 8, 9 beide,14, 17 o., 18, 20 o., 21, 25 o., 26 o. r., 28 l., 36, 37, 40, 43 beide, 45, 79, 83 beide, 85 o., 90, 94 beide, 96, 100, 104, 115, 120 (alle Fotografien: Erika Groth-Schmachtenberger)

Interfoto
11, 38 u., 53 u., 69, 71 u., 74, 82, 105, 106, 109, 111, 129 u., 131

Kunersdorfer Musenhof Chamisso-Literaturhaus
61, 62

Birgit Neiser, www.photos-unlimited.com
136–139

Privatbesitz Angela Hermann
59, 113

Privat Sonstige
17 u., 25 u., 27 M., 33 beide, 41, 48 u., 116, 118, 119 beide, 121, 122, 123 beide, 126 beide, 127, 128, 129 o., 132, 133, 134, 135 beide, 10 r.

Sammlung Dr. Manfred Felle, Kempten
25, 28 r. (Fotografien: Erika Groth-Schmachtenberger)

SZ Photo
12/13, 30, 32, 38 o., 47, 48 o., 51, 64 o., 70, 75 u., 89, 102, 103 o., 110

The Art Archive
56, 95

ullstein bild
3, 50, 52, 71 o., 130

Universität Hohenheim
64 u., 65, 66

Sowie Bilder aus folgenden Publikationen:
Adolf Spamer: Hessische Volkskunst. Jena 1939
16
Barbara Passrugger: Hartes Brot. Aus dem Leben
einer Bergbäuerin. (Damit es nicht verloren
geht ...; Bd. 18). Wien, Köln, Weimar 1989
22

Der Elisabeth Sandmann Verlag dankt dem Freilichtmuseum Glentleiten für die Bereitstellung der
vielen eindrucksvollen Fotografien von Erika Groth-Schmachtenberger.

Das Interesse der in Freising geborenen Bildberichterstatterin Erika Groth-Schmachtenberger
(1906 – 1992) galt vor allem den Menschen in ihrer sozialen Rolle vorwiegend im ländlichen Raum;
und so reiste sie jahrelang mit ihrer Kamera in Bayern, Österreich, Spanien und sogar Bosnien umher:
Ihre Fotos dokumentieren eindrucksvoll die Arbeit auf dem Feld und im Haus, Bräuche und Handwerk,
aber auch ländliche Architektur und kleinstädtische Orte. Erika Groth-Schmachtenberger hinterließ
ein etwa 300 000 Negative und 600 Diapositive umfassendes Bildarchiv, das sie in Eigenregie an rund
40 Museen und Institutionen aufteilte.

Register